생 각 을
생각한다

생각을 생각한다

지은이 | 이재훈
1쇄 발행 | 2017. 1. 9.
25쇄 발행 | 2024. 7. 25

등록번호 | 제1988-000080호
등록된 곳 | 서울특별시 용산구 서빙고로 65길 38
발행처 | 사단법인 두란노서원
영업부 | 2078-3352   FAX | 080-749-3705
출판부 | 2078-3331

책값은 뒤표지에 있습니다.
ISBN 978-89-531-2718-0 03230

독자의 의견을 기다립니다.
tpress@duranno.com   www.duranno.com

*본문에 인용된 성경은 표기가 없는 한 개역개정임을 밝힙니다.

두란노서원은 바울 사도가 3차 전도여행 때 에베소에서 성령 받은 제자들을 따로 세워 하나님의 말씀으로 양육하던 장소입니다. 사도행전 19장 8-20절의 정신에 따라 첫째 목회자를 돕는 사역과 평신도를 훈련시키는 사역, 둘째 세계선교(TIM)와 문서선교 (단행본·잡지) 사역, 셋째 예수문화 및 경배와 찬양 사역, 그리고 가정·상담 사역 등을 감당하고 있습니다. 1980년 12월 22일에 창립된 두란노서원은 주님 오실 때까지 이 사역들을 계속할 것입니다.

생각을 생각한다

이재훈 지음

두란노

추천사

예수님의 진리의 빛이 우리 인간의 죄에 의해 왜곡되고 있다. 《생각을 생각한다》는 예수님의 진리의 빛이 우리 안에서 왜, 어떻게 왜곡되고 있는지를 보게 한다. 그리고 마침내 나 자신이 얼마나 왜곡된 믿음의 시선을 지녔는가를 깨닫게 한다. 그렇다. 우리는 우리의 생각을 다시 한 번 생각하지 않으면 안 된다.

_이영표 위원(전 국가대표 축구 선수, 현 KBS 축구 해설위원)

오늘 이 시대를 사는 우리는 이전에 경험해 보지 못한 험한 풍랑을 만난 사공의 처지입니다. 모든 문제의 해답은 성경이지만, 새로운 상황에 어떤 말씀을 적용해야 하는지를 깨닫기란 쉬운 일이 아닙니다. 성경에 대한

바른 이해와 지식이 있어야 하나, 그것만으로 충분하지 않습니다. 성경 이해와 지식을 해석할 수 있는 통찰과 계시가 있어야 합니다. 깊은 통찰과 계시를 통한 답은 항상 명증하고 간결합니다.

이재훈 목사님의 《생각을 생각한다》는 생각 속의 생각을 통찰과 계시로써 분해해 생각 속에 감추어져 있는 하나님의 소리 없는 소리를 듣게 합니다. 그래서 명증하고 간결합니다. "모든 진리는 단순하다"라는 말처럼 생각을 더 깊이 통찰함으로 생각에 이른 저자의 생각 조각들은 단순하고 심오하며, 힘과 생명력이 있습니다.

모든 글은 마음을 통해 나옵니다. 하나님 앞에서 겸손한 사람만이 진실하며, 그러한 사람만이 좌로나 우로 치우치지 않는 진리를 전할 수 있습니다. 저자의 생각이 흐르는 글은 화려하지 않고 진실합니다. 단순함과 진실함에서 오는 아름다움이 감추어져 있습니다. 조화와 균형이 있는 생각 너머의 생각으로 이 시대를 살아가는 이들에게 값진 통찰을 줍니다.

이재훈 목사님은 현장의 목회자이며 시대와 호흡하는 복음주의자입니다. 그래서 저자의 글은 가장 상황적이면서 성경적입니다. 두 발을 삶과 역사의 현장에 딛고 깨어서 사명을 감당하고자 하는 신앙인은 물론, 목회자들에게도 저자의 생각들은 큰 도움을 줄 것입니다. 뿐만 아니라 그리스도인이 아닐지라도 이 시대를 고민하고 삶과 역사의 길을 묻는 이들에게 공감을 일으키며 안내하는 영적 매뉴얼이 될 것입니다.

_이주연 목사(산마루교회 담임)

세상은 꿈이 있고, 소유를 초월하고, 죽음을 두려워하지 않는 자들을 긍정적으로든 부정적으로든 감당할 수 없다고 말한다. 그들은 모두 '생각하는 자'이기 때문이다. 이재훈 목사님은 《생각을 생각한다》에서 바로 생각에 대해 다시 생각하고 있다. 왜냐하면 우리의 많은 생각이 오히려 인류를 파괴하고 있기 때문이다.

웨인 프로갯(Wayne Froggat)에 의하면, 우리의 생각은 궁극적으로는 합리적인 추리나 평가 이전에 전제적인 신념으로부터 성립된다. 이 책은 우리에게 바로 이러한 무의식적인 일상적 생각들에 대해 다시 한 번 깊이 생각할 수 있는 길라잡이가 되어 준다. 나의 진리가 있고, 너의 진리가 있고, 진리 그 자체가 있다고 말한다.

"소문과 진리", "은혜와 진리", "환상과 실상", "정통과 전통", "카르마와 카리스마" 등 이재훈 목사님의 글을 읽어 내려가며 우리는 그릇된 주관적인 혹은 관례적인 신념과 단순 직관적인 생각으로부터 벗어나 '진리'

그 자체를 깊이 생각하게 될 것이다. 세상을 더욱더 아름답고 행복하게 만들어 줄 '생각함의 칼럼'을 독자들에게 강력히 추천한다.

_ **이한영 교수**(아세아연합신학대학교 구약신학)

대한민국이 슬픔과 분노에 빠진 것 같은 2016년 겨울을 보내는 중에 개인적으로 한 분 남아 계셨던 누님이 암 투병 중에 돌아가셨다. 슬픔과 허탈감에 빠져 있을 때 나를 위로하려고 준비하신 하나님의 선물처럼, 추천사를 부탁하신 이재훈 목사님의 책 사본이 도착해 있었다.

첫 장부터 오랜 이민의 삶 속에 묻어 두었던 어려움, 고통, 억울함에 정말 단비처럼 하나님의 위로와 은혜가 내려왔다. 단숨에 책을 읽고 덮을 때는 내가 힘들 때 다윗처럼 나와 함께 춤추셨던 하나님의 임재를 느꼈고,

그동안 주님과 함께했던 모든 일이 기쁨으로 기억나기 시작했다. 다시 한 번 하나님과 함께 새로운 모험의 길을 시작하겠노라 결심했다. 내가 느낀 위로와 은혜를 같이 나누기를 희망한다.

_장도원 회장(포에버21)

늘 새로운 것을 위해 고민하는 것은 비단 나만의 문제는 아닐 것이다. 수많은 정보와 경쟁 속을 살아가는 이들에게 생각 없이 사는 날이 있을까 묻고 싶다. 그만큼 지금의 사회는 생각을 강요하고 있다. 우리는 엄청난 양의 데이터 속에서 자신에게, 혹은 자신의 조직에 필요한 뉴스와 정보들을 취합하고 그것을 토대로 새로운 영역을 개발하고 점유해 나가려 한다.

한 해를 마무리하고 새로운 한 해를 준비하는 시기에 접한 이재훈 목사님의《생각을 생각한다》는 바로 이 지

점에서 내게 많은 영감을 주었다. '분별', '진실', '결단', '본질', '난관', '방향', '모험'과 같은 주제어들은 평소 붙잡고 씨름하는 고민들이다. 나아가 각각의 글에 담긴 주제들은 마치 마켓에 나가 다양한 볼거리들을 접할 때처럼 생각의 물꼬를 열어 주었다. 마켓에서 접한 신선함이 결국 내 생각에 영향을 미치듯, 깊이 있게 들여다보아야 할 23가지 주제들을 읽고 나자 마음이 한결 가벼워졌고 새로운 에너지를 얻었다.

"'나는 누구인가'라는 질문을 끊임없이 던져야 한다. 그 질문에 대답하지 못한다면 비전이 아니라 환상 속에 살아가는 삶은 아닌지 점검해야 할 것이다"라는 문장을 여러 번 읽었다. 생각을 강요하고 판매하는 이 시대에 왜 "나는 누구인가" 물어야 하는지 명확한 답을 얻을 수 있을 것이다.

_정용진 부회장(신세계)

영성과 지성을 겸비한 한국 교단의 젊은 지도자가 믿음과 행함의 기쁨을 잊어 가는 숱한 이들에게 따스한 손을 내밀었다.

《생각을 생각한다》는 "예수님을 닮지 않고도 서슴없이 '그리스도인'이라 불릴 수 있다는 것", 즉 말씀과 동떨어진 일상을 이 시대 교회와 신앙의 가장 큰 위기로 규정한다. 그리고 진지한 고민과 명쾌한 통찰로 성경에 갇혀 있는 '앎'을 우리의 '삶' 속으로 끌어들여 그리스도인답게 살아가는 방법을 제시한다. 책을 덮고 나면 하나님이 주신 고유한 사명을 찾아, 이를 삶 속에서 행하며 나누는 준행의 소중함을 다시금 느끼게 된다. 이재훈 목사님의 글은 신앙의 감동과 설렘을 처음 또는 다시 느끼고 싶은 모든 이에게 친절한 안내서가 될 것이다.

_홍정욱 회장(헤럴드 · 올가니카)

저자 서문

전통과 권위를 배척하고 자기 생각을 모든 것의 기준으로 삼는 포스트모던 시대의 가치 철학은 실상은 새로운 생각이 아니다. 18세기 계몽주의 운동의 중심에 놓였던 이성 중심적 사고의 또 다른 변형일 뿐이다. 모든 것을 자신의 이성에 비추어 시험해 보고, 합리적 의심을 통해 선택해야 한다는 사고 말이다.

문제는 우리가 어떤 주장에 대해 합리적 의심을 하려면 추호도 의심하지 않는 다른 주장을 이미 마음에 품은 채 확고히 믿고 있어야 한다는 것이다. 그런데 자신이 의심 없이 품고 있는 주장을 동시에 의심하기란 불가능하다. 바로 이것이 모든 인간이 빠져 있는 '생각의 함정'이다.

대개 자신이 옳다고 믿는 주장들은 거의 무의식적 신

념으로 깊이 자리 잡고 있다. 마치 안경을 쓴 사람이 자신이 안경을 쓰고 있다는 사실을 느끼지 못하고, 운전자가 자신이 운전대를 잡고 있다는 사실을 깨닫지 못하는 것과 같다. 이것은 자신조차 인식하지 못할 정도로 깊이 내면화된 생각으로, '세계관'이라 부르기도 한다.

문제는 이 세계관에도 모순이 존재한다는 것이다. 포스트모던 세계관은 "어떤 것도 절대적으로 믿을 수 없다"라고 주장하면서 정작 자신의 내면에 존재하는 다른 주장은 절대적으로 믿는 생각의 함정에 빠져 있다. 즉 "모든 사람이 객관적으로 받아들여야 하는 절대 진리는 없다"라고 하지만 그 주장만은 절대화하는 오류를 범하는 셈이다.

결국 생각의 함정에서 벗어나려면 내가 옳다고 믿는

생각을 비추어 보고 교정할 수 있는 올바른 전통과 권위를 믿고 받아들이는 방법밖에는 없다. 이성적 비판을 통해 추론해 낸 생각이 아니라 올바른 계시를 통해 주어진 생각을 믿음으로 받아들임으로써 생각을 다시 생각해 보는 것이다. 전통과 권위를 부정하고 자기 생각에 최종적 권위를 부여하는 모순에서 벗어나 모든 사람이 받아들여야 하는 권위를 인정하는 데서 시작해야 한다.

컴퓨터의 파일도 파일 안에 있을 때는 지울 수 없고, 상위 디렉터리로 가야 파일 전체가 보인다. 우리 역시 상위 디렉터리에 있는 생각으로 올라가야 내 생각이라는 파일 전체를 볼 수 있다. 자기 생각에 갇혀 살지 않으려면 자기 생각을 생각하게 하는 권위 있는 생각을 받아들여야 한다. 그런 의미에서 수많은 사람의 생각을 다시 생각하게 하는 성경은 최종적인 권위를 가진 생각의 근원지다. 성경은 인간과 역사에 대한 가장 객관적이고 최종적인 권위와 전통을 가진 생각으로 가득 차 있는 하나님의 책이다.

《생각을 생각한다》라는 제목으로 편집된 이 글들은 성경적인 권위에 기초한 생각으로 신앙과 인생과 역사에 배어 있는 생각을 다시 생각해 보도록 권하기 위해 쓰였다. 나 자신이 생각의 함정에서 벗어나 생각을 객관화하기 원하는 마음에서 나온 고백적인 글들이다. 이 책이 종교개혁 500주년을 맞이하는 올해, 우리를 사로잡고 있는 편협한 생각들에서 벗어나 새롭게 신앙을 개혁하는 풍성한 생각들이 넘쳐 나게 하는 일에 조금이나마 쓰임 받을 수 있기를 기대한다.

종교개혁 500주년을 맞는 2017년 1월

이재훈

차례

추천사 _4
저자 서문 _12

1부

분별	소문과 진리	_20
도전	믿음으로 미래를 열라	_27
균형	은혜와 진리	_35
훈련	긴장을 창조적으로 끌어안기	_43
결단	바리새인과 에스라인	_51
본질	환상과 실상	_58
고통	숨어 계시는 하나님	_63
슬픔	춤추시는 하나님	_71
책임	울어라 한반도여	_79
난관	영혼의 어두운 밤	_88
진실	헤롯의 크리스마스, 메시 크리스마스	_96
목적	한국 교회는 매여 있는가, 풀고 있는가	_104

2부

방향	——	정통과 전통 _114
모험	——	네 떡을 물 위에 던져라 _121
은혜	——	카르마와 카리스마 _128
선택	——	자유란 무엇인가 _136
지향	——	낮은 곳, 더 낮은 곳으로 _144
영혼	——	희망은 나이 들지 않는다 _151
통합	——	오래된 노래, 새로운 노래 _159
용서	——	화해는 하나님의 얼굴 _164
비교	——	먼저 된 자 나중 되고, 나중 된 자 먼저 되리라 _172
갱신	——	새 포도주는 새 부대에 _180
섭리	——	버리는 것이 없게 하라 _186

1부

분
별

소문과
진리

한 사회에서 보이지 않으나 가장 엄청난 영향력을 가진 것은 소문이다. 좋은 소문이 시작되면 실제보다 더 좋게 부풀려져 번져 나가고, 좋지 않은 소문이 시작되면 실제보다 더 나쁘게 부풀려져 퍼져 나간다. 과거에는 사람들이 서로 대면해 입에서 입으로 전해지던 소문이 이제는 소셜네트워크서비스(SNS)라는 첨단 마우스[사람의 입(mouth)과 컴퓨터의 마우스(mouse) 모두]를 통해 순식간에 퍼져 나가는 시대가 되었다. 지도자들이 소문에 휩싸여 결정을 내릴 때 그 사회는 큰 혼란에 빠져든다. 교회 내 많은 갈등도 사실이 아닌 소문에 불과한 내용에 근거해서 어떤 판단이나 결정을 내릴 때 일어난다.

사탄이 아담과 하와를 타락시킬 때 가장 먼저 공격했던 영역은 커뮤니케이션이었다. 타락의 과정에서 주목해야 하는 것은 사탄이 인간으로 하여금 하나님이 말씀하신 진리를 소문처럼 흘려듣도록 만든 것이다. "선악을 알게 하는 나무의 열매를 먹으면 반드시 죽으리라"라는 진리를 "혹 죽을지도 모른다"라는 말로 바꾸어 버렸다. 진리를 소문의 수준으로 전락시켜 버린 것이다.

하나님의 말씀을 듣고 읽어도 확신이 없는 이유는 진리의 말씀을 소문 정도로 듣기 때문이다. 현대 자유주의 신학의 치명적 약점은 진리를 하나의 의견 혹은 소문의 아류로 만들어 버린다는 것이다. 묵상이 부족한 목회자들의 설교는 진리가 진리 되도록 그 권위와 무게를 전달하지 못한다. 뿐만 아니라 사사로운 의견으로 대체됨으로써 사람들에게 회자되는 소문으로 말씀의 격을 떨어뜨리기도 한다. 성도들의 말씀 묵상 또한 말씀의 진리성이 내면 깊이 뿌리내리지 못하고 개개인의 사상이나 잡념 속에 파묻혀 버려 하나의 소문으로 머릿속을 맴돌다 떠나 버리고 말 수 있다.

반면 사람들은 들려오는 소문은 진리처럼 믿고 싶어 한다. "그럴지도 몰라"라는 말을 듣고는 다른 사람에게는 "그렇다더라" 혹은 "어쩌면 그럴 수가 있지?"라고 전할 때 그 소문은 어느새 사실이 되고 만다.

또한 누군가 자신에 대해 어떻게 말했다는 소문을 들었을 때 사람들은 일단 무조건 그 말을 믿고 받아들인다. 마음에 깊이 자리 잡도록 계속 반복해서 묵상한다. 그러다 보면 부정적인 감정이 치밀어 오르고 소문의 근원지인 그 사람이 쳐다보기도 싫어진다. 나아가 그가 주장하는 말과 추진하는 일은 무조건 반대하고 싶어진다. 그런데 만일 그 말이 사실과 다르며 중간에 말을 전달한 사람이 왜곡한 것이라면? 그것은 영적 전쟁에서 패배한 것이다. 사람들 중에 다른 사람의 말을 교묘히 바꾸어 또 다른 사람에게 전하는 아주 악한 습관을 가진 부류가 있다. 사탄의 종노릇하는 사람들이다.

소문의 위력은 실로 대단해서 많은 사람에게 전해질수록 버전이 다양해진다. 소문을 나누고 전파하며 묵상하는 사회나 교회는 소문에 의해 망할 수밖에 없다. 그러므로 지도자들은 소문과 진리를 분별해 소문이 진리처럼 변하는 일이 없도록 해야 한다.

뉴저지에서 목회하는 시절 '소문실명제'를 성도들에게 제안한 적이 있다. 다른 사람에게 자신이 전해 들은 소식을 전할 때 누구에게서 들었다는 말을 함께 전하자는 것이었다. 회의할 때 막연하게 "성도들이 그렇다더라"라고 말하지 않고 "누가 말했다"라고 정확하게 전하자는 것이었다. 말하는 사람의 이름이 함께 전해지면 소문의 위력은 꼬리를 감출 것이기 때문이다. 불필요한 소문에 에너지를 빼앗기지 않고 소문으로 인한 피해자를 방지하기 위해서이다.

담임목사로서 여러 가지 소문을 곳곳에서 듣게 된다. "누가 이런 사람이다. 저런 사람이다"라는 소문을 듣고 당사자를 만나 보면 소문과 다른 사람일 때가 많다. 소문만 들었을 때는 편견을 가지기 쉽다. 다른 사람들이 심어 놓은 바이러스에 함께 감염되어 올바른 판단력을 가지기가 어렵다.

미국에서 귀국했을 때 사랑의교회 원로목사님이신 고 옥한흠 목사님이 식사를 사 주시면서 귀한 조언을 해 주신 적이 있다. "무엇이든지 직접 보고 들은 것이 아니면 무조건 믿지 말라"라는 말씀이었다. 불필요한 소문에 마음을 빼앗겨 올바른 판단력을 잃지 않도록 하라는 귀한 가르침으로, 지금까지 목회에 귀한 도움이 되고 있다.

진정한 삶의 변화는 소문에 귀 기울이는 것이 아니라 진리에 귀 기울일 때 일어난다. 관계의 회복도 자신이 들은 소문을 내려놓고 진리를 나눌 때 얻을 수 있다. 함께 모이면 소문이 아니라 진리를 먼저 나누어야 한다. 내가 다른 사람에게 전하는 소식이 진리에 근거한 사실인지, 아니면 부정확한 소문인지 분별하고 입에 파수꾼을 세워야 한다. 소문에 굶주린 마음을 진리에 굶주린 마음으로 바꾸면 놀라운 능력이 일어난다. 진리를 포기하면 소문은 공동체를 파괴한다. 그러나 진리를 붙잡으면 소문은 꼬리를 내리기 마련이다. 진리를 진리 되게 하고, 소문을 소문으로 그치게 하는 교회와 사회로 바꾸어 가야 한다.

십자가 너머에 있는 즐거움을 생각하면
십자가의 부끄러움을 개의치 않게 될 것이다.

_ A. W. 토저(Aiden Wilson Tozer)

도전

믿음으로
미래를
열라

새로운 한 해를 준비하는 시기이다. 기대하며 맞이하는 사람과 염려하며 맞이하는 사람 등 두 부류의 사람이 있을 것이다.

믿음은 기대를 만들고, 불신은 염려를 만든다. 사탄의 불변의 전략이 있다. 앞으로 다가올 어려움을 미리 걱정하고, 염려하고, 실망하게 만드는 것이다. 우리가 미래에 대해 염려하는 이유는 어떤 일이 일어날지 모르기 때문이다. 만일 미래에 일어날 일을 다 알면 염려가 사라질까? 아니다. 더 염려한다. 성 어거스틴은 이렇게 말했다.

"하나님은 앞으로 다가올 일을 미리 알려 주시지 않는다. 만일 자신의 성공을 미리 안다면 나태하게 될 것이고, 반대로 자신의 불행을 미리 안다면 실망하고 좌절할 것이기 때문이다."

이스라엘 역사에는 미래에 대한 염려 때문에 불필요한 일을 한 적이 많다. 대표적인 사건이 가나안 정탐이다. 민수기 13장을 보면 하나님이 가나안 땅을 정탐하라고 명령하시는 내용이 나온다. 그런데 그 사건을 회고하면서 해석한 신명기 1장을 보면 가나안 정탐은 원래 하나님의 아이디어가 아니었다는 것을 알 수 있다. 하나님은 약속의 땅 가나안을 믿음으로 들어가 정복하라고 명령하셨는데 두려움과 불신앙에 휩싸인 이스라엘 백성이 모세에게 나아가 그 땅을 미리 정탐해 보아야 한다고 주장해서 하나님이 허락하신 것이었다(신명기 1:21-22 참조).

그 결과 염려가 사라지고 지혜가 생겼는가? 아니다. 10명의 정탐꾼들이 '우리는 죽을 것'이라고 보고해 온 백성이 더 큰 염려와 두려움에 휩싸이게 되었다. 결국 그들은 약속의 땅에 들어가지 못하고 광야에 머무르게 되었다. 염려와 두려움은 불필요한 아이디어를 만들어 낸다.

하나님은 우리의 미래에 대해 알 필요가 있는 것만 보여 주신다. 하나님은 우리의 삶을 돛단배가 항해하듯

인도하신다. 돛단배는 때로 바람이 불면 뒤로 물러서야 하고, 풍랑이 일면 고통을 겪어야 한다. 그러나 바람이 없으면 앞으로 나갈 수 없다. 돛단배는 방향은 있지만 명확하게 정해진 길로 가지 않는다. 그런데 우리는 하나님이 기차역처럼 인도해 주시기를 바란다. 앞으로 거쳐갈 역들을 다 알고 싶어 한다. 그러나 하나님은 우리에게 한꺼번에 모든 역을 가르쳐 주시지 않는다. 필요하다면 바로 다음 역을 알려 주실 뿐이다.

우리는 하나님께 인생에 대한 청사진을 모두 달라고 요구한다. 그런데 하나님은 청사진 대신 나침반을 주신다. 나침반은 앞으로 나가야 쓸모 있다. 하나님이 현재 보여 주시는 방향으로 믿음을 가지고 한 걸음 한 걸음 앞으로 나가면 하나님이 계속해서 새로운 길을 열어 주신다.

은혜로우신 하나님은 모두에게 동일하게 내일이라는 미래를 주신다. 성공한 사람만 아니라 실패한 사람에게도 내일을 주신다. 과거에 성공한 사람에게는 두 배의 내일을 주시고, 실패한 사람에게는 절반의 내일을 주시는 것이 아니다. 은혜로우신 하나님은 내일을 하루씩 우리에게 주신다. 어제 하루 실패했다면 오늘 다시 시작할 수 있는 하루를 주신다.

한 성도님이 돌아가시기 직전이라는 소식을 듣고 목회자가 급히 심방을 했다. 목회자가 위로를 하자 그분이 이렇게 말씀하셨다고 한다.

"목사님, 의사 선생님이 저에게 앞으로 이틀밖에 살 수 없다고 하시더군요. 그 말은 제가 지금까지 들어 본 말 중에 가장 반가운 말입니다."

목회자가 놀라서 "그게 무슨 말씀이십니까?"라고 반문하자, 이렇게 대답하셨다고 한다.

"저는 지금까지 저에게 주어진 시간은 내일 하루뿐이라고 생각하며 살아왔습니다. 그런데 앞으로 이틀씩이나 남아 있다고 하니 얼마나 반가운 말입니까?"

이스라엘 역사에서 가장 미래가 보이지 않던 때가 있었다. 바로 이사야 선지자가 활동하던 시대였다. 정치, 사회, 도덕이 붕괴되고, 오직 하나님의 심판만이 남아 있을 때였다. 그런데 아이러니하게도 하나님이 가장 희망찬 미래를 말씀하신 때가 바로 이때이다. 하나님은 이사야 40장 1절에서 "위로하라 내 백성을 위로하라"

라는 말씀을 시작으로 위로의 말씀을 주셨고, 미래에 대한 소망의 말씀을 66장까지 쏟아 내셨다. 염려와 두려움에 빠져 있던 수많은 영혼을 다시 살린 주옥같은 말씀들이 여기에 집중되어 있다.

이스라엘 백성이 바로 내일 겪어야 할 미래는 광야로 쫓겨나고, 이방의 종이 되고, 수많은 사람이 죽임을 당하는 처참한 고통의 미래였다. 그러나 하나님은 이러한 미래를 앞둔 이스라엘 백성에게 소망의 말씀을 주셨다.

"지나간 일들을 기억하지 말라. 과거에 연연하지 말라"(이사야 43:18, 우리말성경).

새로운 내일을 맞이하기 위해서 과거에 묶이지 말라고 말씀하신 것이다. 과거의 성공에 묶이면 자만하게 되고, 과거의 실패에 묶이면 낙심하며 미래를 맞이하게 되기 때문이다. 과거는 기억으로 남아 있다. 습관은 과거에 대한 기억이 나의 인격에 고정된 것이다. 따라서 과거에 대한 기억을 새롭게 하지 않으면 인생은 변화되지 않는다.

그러나 하나님은 또 다른 말씀에서는 기억할 것이 있다고 하셨다.

"예전의 일, 오래전에 있었던 일을 기억하라. 나는 하나님이니 나밖에 다른 신이 없다. 나는 하나님이니 나 같은 이가 없다"(이사야 46:9, 우리말성경).

우리는 하나님밖에 다른 신이 없음을 기억해야 한다. 우리가 하나님의 백성임을 잊지 말고 기억해야 한다. 하나님만이 구원을 베풀어 주시고 인생의 도움이 되시는 분임을 기억해야 한다.

젊은 시절은 과거의 기억보다는 미래를 향해 꿈꾸는 시기이다. 그런데 성경은 젊은이들에게 "미래에 대한 비전을 품으라"라고 말하지 않고 "창조주에 대한 기억으로 가득 차게 하라"라고 말한다(전도서 12:1 참조). 창조주를 기억하는 것이 가장 확실한 미래를 여는 길이기 때문이다. 우리는 젊음이라는 행복과 희락과 건강과 힘이 있는 동안 창조주를 기억해야 한다. 모든 가능성이 열려 있을 때 하나님을 기억해야 한다.

믿음의 새해를 준비하자. 우리의 기억을 새롭게 함으로 하나님이 이끄시는 새로운 미래를 기대하자. 대한민국과 한국 교회가 과거의 상처를 씻고 미래의 도전을 믿음으로 이겨 나가는 모습을 기대한다.

우리가 고통 없이 성공했다면
그것은 다른 사람이 우리 앞서
고통을 받았기 때문이다.

_ 에드워드 저드슨(Edward Judson)

균 형

은혜와 진리

요한복음 1장 14절은 성자 예수님을 '은혜'와 '진리'라는 두 개의 단어로 완벽하게 소개하고 있다. 그러나 성자 예수님만이 아니라 성부와 성령에 대해 소개할 때도 은혜와 진리라는 두 단어가 가장 정확할 것이다. 삼위일체 하나님의 가장 중요한 속성은 은혜와 진리인 것이다.

생명체의 근간을 이루는 DNA가 이중 나선형 대칭 구조로서 두 가닥이 서로를 감싸면서 상대를 완벽하게 보완해 주듯이 은혜와 진리는 삼위일체 하나님의 근본 성품의 DNA로서 하나가 되어 완벽한 조화를 이룬다. 그렇다면 하나님의 자녀요, 하나님 나라 백성의 삶과 공동체를 특징짓는 단어 또한 은혜와 진리여야 할 것이다.

그런데 왜 은혜를 믿고 고백하는 성도들의 삶 속에서 은혜는 디트리히 본회퍼가 말한 "값싼 은혜"가 되어 버린 것일까? 그것은 은혜만을 붙잡고 진리를 무시했기 때문이다. 구약성경에는 진리를 무시했을 때의 끔찍한 결과들이 많이 등장한다. 간혹 은혜를 보여 주는 장면들이 나오기는 하지만 전체적인 분위기는 엄격한 진리에 대한 강조이다. 왜 구약에는 하나님의 엄격한 진리가 강조되어 있는 것일까? 하나님이 얼마나 은혜로우신 분인지 알려 주려고 진리를 먼저 가르쳐 준 것이다.

인간은 영적으로 타락해 완전히 무기력한 상태라는 진리, 하나님은 죄에 대해 반드시 공의롭게 보응하신다는 진리를 깨닫지 못하고서는 하나님이 인간에게 베푸신 은혜가 얼마나 큰 은혜인지 알지 못한다. 따라서 은혜는 진리를 덮어 버리는 것이 아니라 진리를 드러내는 것이다. 진리가 분명할수록 은혜가 더욱 분명하게 나타난다. 은혜는 절대적인 진리의 기준을 세우신 하나님이 그 진리의 기준을 충족시키기 위해서 스스로 대속물이 되셔서 그 기준을 성취하신 것에서 비롯된 것이기 때문이다.

반면 진리를 추구하는 삶 속에 은혜가 드러나지 않는다면 결코 진리에 이른 것이 아니다. 완전한 진리이신 그리스도 안에는 값없이 주어지는 은혜가 있기 때문이다. 자신의 희생으로 사람들에게 은혜가 베풀어지도록 하신 분이 진리이신 예수 그리스도이시기 때문이다.

완성된 진리가 바로 은혜이다. 참된 진리는 죄에 대한 처벌로 끝나지 않고 죄를 짓지 않을 수 있는 능력을 은혜로 부여해 주기 때문이다. 세상이 주장하는 진리는 죄에 대한 철저한 보응이지만 그리스도 안에 있는 진리는 죄를 미워하고 이기도록 도와주는 은혜의 영성이다. 그리스도 안에 있는 은혜는 단지 죄를 덮어 주는 데서 끝나는 것이 아니라 진리 안에서 살아갈 수 있는 능력을 공급해 준다.

은혜가 충만할 때 사람들은 진리를 멸시하거나 무시하지 않는다. 오히려 진리를 사랑하고, 따르고, 행하게 된다. 진리가 충만할 때 사람들은 은혜를 베풀기를 기뻐하고, 용서와 사랑으로 허물을 덮어 준다.

은혜와 진리 중 어느 한쪽으로 치우친 시각으로 자신과 타인을 바라보게 되면 자신의 내면과 공동체 안에서의 관계 모두에 심각한 갈등이 일어난다. 우리는 종종 은혜와 진리, 둘 중 한 가지만 선택해 붙잡고 싶은 유혹에 빠진다. 그러나 은혜와 진리, 둘 다에게 "예" 하지 않으면 우리는 그리스도로부터 멀어진다. 또한 은혜와 진리, 둘 다로부터 우리를 멀어지게 하는 것에게 "아니오" 하지 않아도 우리는 그리스도로부터 멀어진다.

교회 공동체 안에 어떤 문제가 생겼을 때 "은혜로 합시다"라는 말을 종종 듣게 된다. 그런데 그 말에 만일 '참되고 옳은 진리라도 포기해도 된다'라는 의미가 담겨 있다면 그것은 참된 은혜가 아니다. 추상같은 진리 앞에서 벌벌 떨며 두려워하는 심령이어야 은혜가 은혜로 나타나기 때문이다.

반면 "진리로 합시다"라는 말을 듣게 될 때도 있다. 만약 그 말에 자신에게는 언제나 은혜만을 적용하고 타인에게는 진리만을 적용하려는 의도가 담겨 있다면 그것 또한 참된 진리가 아니다. 함께 죄인 된 자로서 죄와 허물에 대한 그리스도 안에 있는 용서의 길을 함께 걷지 못한다면 그것은 진리의 길이 아니기 때문이다. 타인에게는 언제나 진리만을 적용하고, 자신에게는 언제나 은혜만을 적용하려 한다면 공동체 안에서의 대립과 갈등은 끝나지 않고, 예수 그리스도의 아름다운 성품은 드러나지 않는다. 흔하지 않지만 자신에게는 언제나 진리만을 적용하고, 타인에게는 언제나 은혜만을 적용하는 반대의 경우도 큰 문제이다.

만일 타인에게는 은혜를 앞세워 적용하되 진리를 결코 포기하지 않고 진리 안에서 상대를 대하고, 자신에게는 진리를 먼저 적용하되 은혜를 포기하지 않고 은혜 안에서 자신을 받아들인다면 예수 그리스도의 임재하심을 경험할 수 있을 것이다.

은혜와 진리가 균형을 이룬 삶을 살기 위해서는 서로가 지켜야 할 진리의 기준을 양심 있게 받아들이고, 그 기준에 합당하지 못했음을 진심으로 고백하는 자에게는 그리스도 안에 있는 은혜를 베풀기를 주저하지 않아야 한다. 그러나 자기 자신은 그 어떠한 은혜가 베풀어져도 그로써 진리를 희미하게 만들거나 진리의 기준을 약화시켜서는 안 된다. 오히려 진리 앞에서 더욱 엄격하게 자신을 채찍질함으로써 진리를 보다 선명하게 드러내는 삶으로 나아가도록 해야 한다.

예수님이 말씀하신 산상수훈은 은혜로 들어가게 된 하나님 나라의 백성의 윤리에 대한 내용을 골자로 한다. 그런데 그 진리의 수준이 더욱 엄격해지지 않았는가? 은혜를 받은 자의 윤리는 진리의 수준을 더욱 높이고 강화시키는 것이 올바른 결과인 것이다.

개인이건 공동체이건 은혜와 진리 중 어느 한쪽만을 강조할 때는 틀림없이 그리스도의 임재하심으로부터 멀어지게 될 것이다. 교회의 머리이신 예수님은 은혜와 진리가 충만한 분이시기 때문이다.

실패가 끝이 아니고
포기하는 것이 끝이다.

_ 마르틴 루터(Martin Luther)

훈련

긴장을
창조적으로
끌어안기

공동체 안에 갈등이 일어나면 대개 두 가지 바람직하지 못한 입장이 나타난다. 첫 번째는 갈등 자체의 심각성보다 더 심각하게 갈등을 확대시키는 입장이다. 갈등의 원인을 냉정하고 객관적으로 살피는 대신 자신의 왜곡된 감정을 주관적으로 개입시키기 때문에 일어나는 현상이다. 두 번째는 갈등이 존재한다는 것 자체를 인정하기 싫어해 외면하거나 도피하는 입장이다. 갈등의 원인을 정확하게 규명하려 하지 않고 서둘러 덮어 버림으로써 갈등이 해결되었다고 착각하기 때문에 일어나는 현상이다.

미국의 영향력 있는 사회운동가 파커 파머는 《비통한 자들을 위한 정치학》(Healing the Heart of Democracy)에서 긴장과 갈등을 창조적으로 끌어안아 새로운 에너지로 변화시키는 것이 참된 민주주의의 힘이라고 역설했다.

그는 민주주의라는 체제에서 긴장과 갈등은 결코 그 자체가 문제가 아니라 오히려 건강한 민주주의의 시작이며, 이를 창조적인 에너지로 변화시키는 것이 중요하다고 지적했다.

긴장과 갈등을 주관적으로 확대시키거나 덮어 버리는 마음은 민주주의에 위기를 가져온다. 그래서 파커 파머가 민주주의에 있어서 마음의 문제가 매우 중요하다고 강조한 것이다. 긴장과 갈등을 창조적으로 끌어안는 마음의 치유는 믿음을 기초로 한 공동체에서 우선적으로 경험될 수 있어야 한다.

어떻게 하면 긴장을 창조적으로 끌어안아 새로운 에너지로 승화시킬 수 있을까? 어떻게 하면 갈등을 통해 다툼과 분열을 경험하는 것이 아니라 더 성숙한 공동체로 변화되어 갈 수 있을까?

그 방법은 서로에 대해 자유롭게 반대할 수 있는 관계를 유지하는 것이다. 다름이 인정되지 않고 반대가 허용되지 않는 공동체는 성숙한 공동체가 될 수 없다. 공동체가 긴장과 갈등으로 인해 쇠퇴할 때 나타나는 현상은 리더의 견해에 무조건적 찬성만을 요구할 뿐 어떤 반대도 허용하지 않는 것이다. 생각이 다른 사람을 적으로 취급해 관계를 단절하는 것이다.

거절감으로 인한 상처를 가지고 있는 사람은 거절에 대한 두려움 때문에 자신의 생각과 반대되는 의견에 대해 과도한 분노를 품어 공격적인 자세를 가지기 쉽다. 아니면 일체의 관계 형성을 거부하고 공동체 속으로 들어가기를 반대하기도 한다.

우리는 대개 관계가 가까운 사람들에게는 속으로는 아니라고 생각하면서도 겉으로는 맞다고 동의하는 경우가 많다. 관계가 끊어질까 봐 두려워서이다. 사랑 안에서 용기 있게 진실을 말해 주기보다는 사랑 안에서 진실을 감추는 두려움을 따르는 것이다.

겉으로는 "예"라고 하면서 속으로는 '아니오'라고 생각하는 사람들보다 속으로 '아니오'라는 생각을 가지고 있을 때 겉으로도 "아니오"라고 용기 있게 표현하는 사람들이 공동체를 더 성숙하게 할 수 있다. 이때 "아니오"라는 의견을 어떤 마음으로 받아들이는가가 공동체에 성숙을 가져올 수도 있고, 위기를 초래할 수도 있다. 결국 마음의 문제이다. "아니오"라고 말함으로써 공동체 안에 긴장과 갈등이 유발되지만 그 긴장을 창조적으로 끌어안는 공동체 구성원들의 마음이 있다면 솔직하게 "아니오"라고 하는 것이 궁극적으로는 공동체를 더 사랑하는 것이 될 수 있다.

서로가 더 가까워질수록 자신의 솔직한 의견을 자유롭게 표시하며 때로 반대할 수 있는 관계가 유지된다면, 또 반대 의견으로 관계가 전혀 손상되지 않을 수 있다면 그 공동체는 긴장을 창조적으로 끌어안는 공동체가 될 것이다. 자신과 가까운 관계에 있다 할지라도 "아니오"를 자유롭게 표현할 수 있다면 그 사람은 자신과 가깝지 않고, 때로 마음에 들지 않는 사람이라도 옳은 의견이라면 기꺼이 "예"라고 찬성해 줄 수 있는 마음 또한 가지게 될 것이다.

잘못된 정치가 지배하는 공동체에서는 자신과 가까운 사람의 의견에는 '묻지 마 찬성'이 이루어지고, 가깝지 않고 때로 대립 관계에 놓인 사람의 의견에는 '묻지 마 반대'가 이루어진다. 민주주의 사회 속에 존재하는 무너진 공동체의 전형적인 모습이다.

물론 반대할 자유가 인정받고 존중히 여겨진다고 해

서 공동체가 저절로 성숙해지지는 않는다. 반대하는 사람에게는 자신의 의견에 대한 또 다른 반대가 충분히 있을 수 있다는 겸손이 있어야 한다. 결국 긴장과 갈등은 겸손한 마음이 치유하기 때문이다. 반대하는 사람 또한 긴장을 창조적으로 끌어안는 마음이 있어야 하는 것이다.

반대할 이유를 발견한 사람들이 빠지기 쉬운 함정은 자신의 반대를 절대화하는 것이다. 무서운 교만이다. 자신의 반대 속에 들어 있는 독소를 보지 못하는 것이다. 진정 공동체의 발전을 위해 반대하는지, 아니면 자신의 이득이나 고집 때문에 반대하는지 마음의 동기를 정직하게 대면하지 않은 채 그저 반대라는 도그마(dogma, 독단적인 신념이나 학설)에 빠져 버린 것이다. 자유롭게 반대 의사를 표현하더라도 자신의 의견에 대한 또 다른 반대에 귀를 기울일 수 있어야 겸손이다. 겸손한 마음이 기초가 되지 않는다면 어떤 제도를 만들어도 성숙한 공동체는 이루어질 수 없다.

오늘 이 시대의 한국 사회는 정치, 교육, 문화, 종교 등 모든 분야에 있어서 파커 파머가 제시한 긴장을 창조적으로 끌어안는 마음의 훈련이 필요함을 보여 주고 있다. 대립되는 이슈 이전에 그 이면에 있는 서로의 마음을 살펴야 한다. 그리고 자신의 마음을 살펴야 한다. 민주주의 사회에서 반드시 일어날 수밖에 없는 긴장과 갈등에 함몰되는 사회가 되지 않으려면 더 용기를 내어 반대할 수 있어야 한다. 동시에 더욱 겸손해져야 한다.

가장 무거운 짐은
나 자신이다.

_ C. S. 루이스(Clive Staples Lewis)

결 단

바리새인과
에스라인

이 시대 교회의 위기는 예수님을 닮지 않고도 서슴없이 '그리스도인'이라 불릴 수 있다는 것이다. 예수님을 닮은 성품 없이도 교회 활동에 충실하면 누구든 그리스도인으로 여겨진다. 적당한 성경 지식과 교회 문화에 대한 익숙함만 있으면 그 밖의 삶은 신앙과 관계 없이 살아가도 된다는 생각이 보편화되고 있다.

문제는 그 상태가 오래가지 않는다는 데 있다. 신앙생활에서 아무런 부담과 갈등이 없다면 그것은 평지가 아니라 내리막길을 달리고 있다는 증거이기 때문이다. 찰스 스펄전은 "성도는 언제나 오르막길에 있어야 한다"라고 말했다. 사실 오르막길에 있는 것은 언제나 힘들고 부담스럽다. 그러나 믿음의 삶은 언제나 말씀 앞에 자신을 비추는 오르막길을 오르는 삶이다. 오르막길을 오르는 일을 포기할 때 성도는 그리스도를 닮지 않은 '기독교인'이 되어 간다.

신약 시대에 그러한 부류의 사람은 '바리새인'이라는 이름으로 불렸다. 바리새인이라는 명칭은 오늘날 교회 안에서 경멸받는다. 바리새인들은 예수님을 십자가로 내몰았던 이들이요, 위선적 종교 생활로 예수님의 혹독한 비판을 받았던 이들이기 때문이다. 잘못된 것을 혹독하게 비판하면 자신은 그런 사람이 아니라는 생각이 들어서일까? 우리는 그들을 비판하면서 영적인 대리만족을 얻으며 자신은 바리새인이 아니라는 것을 증명하고 싶어 한다.

바리새인이라는 이름 자제는 좋은 의미를 가지고 있다. '구별된 자' 혹은 '분리된 자'라는 뜻이기 때문이다. 바리새인들은 포로 후 시대에 이스라엘의 신앙을 이끈 지도자들이었다. 타락한 이방 문화와 구별된 삶을 살려고 노력한 이들이었다.

이렇게 구별된 삶을 추구하고 율법 연구에 열심이었던 바리새인들이 왜 경멸과 비판의 대상이 되었는가? 이 질문은 오늘 이 시대에 한국 교회의 여러 모습으로 나타난다. 왜 가장 올바른 교리를 안다고 하면서도 가장 올바르지 못한 삶을 사는가? 왜 얼마든지 변화시켜도 되는 제도를 고수하기 위해서 소중한 관계를 깨뜨리는가? 왜 이웃을 사랑한다고 말하면서 공동체 안의 갈등을 품고 사랑하지 못하는가? 모두가 바리새인의 증상들이다.

오늘날 바리새인의 증상들은 예수님 당시와 마찬가지로 성경을 더 많이 연구하고 가르치는 목회자들에게서 먼저 나타난다. 예수님 시대에도 바리새인보다 더 악하고 불의하게 사는 많은 사람이 있었을 것이고, 오늘날에도 목회자보다 더 바리새인처럼 사는 성도들도 있을 것이다. 그러나 목회자들은 성경을 가르치는 일에 부르심을 받고 헌신한 이들이기에 말씀과 삶의 괴리감이 클 때 바리새인과 같이 될 가능성이 더 크다.

에스라 7장 10절은 왜 목회자가 더 쉽게 바리새인이 될 수 있는지를 설명해 준다.

"에스라가 여호와의 율법을 연구하여 준행하며 율례와 규례를 이스라엘에게 가르치기로 결심하였었더라."

제2차 포로 귀환을 이끌었던 제사장이자 학자였던 에스라는 바리새인의 원조라고 할 수 있다. 성전이 무너진 뒤 성전 중심의 신앙 체계에서 율법 중심의 신앙 체계로 전환되었을 때 율법을 연구하고 가르치는 일에 헌신한 이들이 바리새인들이었다.

그러나 에스라는 바리새인이 아니었다. 그는 율법을 연구해 준행하며 가르쳤기 때문이다. 그의 삶에는 '연구'와 '가르침' 사이에 '준행함'이 있었다. 만일 에스라의 뒤를 이은 이들이 에스라처럼 율법을 연구해 다른 사람들에게 가르치기 이전에 준행함이 있었다면 어쩌면 그들은 바리새인이라고 불리지 않고 '에스라를 닮은 사람'이라는 의미로 '에스라인'이라고 불렸을 수도 있지 않을까?

한국 교회의 위기의 원인은 에스라인이 되어야 할 이들이 바리새인이 되었기 때문이다. 연구해 가르침을 행하는 이들이 준행함을 잊었기 때문이다. 에스라인에게 있어서 말씀을 연구하는 일차적인 목적은 다른 사람들에게 가르치려는 것이 아니라 자신이 준행하기 위해서이다. 그리고 자신이 준행한 말씀의 축복을 나누어 주는 것이다. 그런데 바리새인에게 있어서 말씀을 연구하는 일차적인 목적은 다른 사람들에게 가르치려는 것이다. 자신의 준행함은 빼고 연구에서 바로 가르침으로 넘어가는 일이 습관처럼 되어 버릴 때 말과 행동이 달라진다. 공식적인 위치에서의 기도와 개인의 기도가 달라진다. 위선과 가식이 나타난다. 자신의 영적인 상태를 냉철하게 분별하지 못한다. 진리를 따르는 이를 질투하게 된다.

종교개혁 시대에 '오직 말씀'을 강조하고 개혁을 이룬 것은 포로 후 시대에 율법을 강조하고 개혁을 이룬 것과 비슷하다. 그런데 에스라로부터 시작된 율법 운동이 바리새인들로 인해 율법으로 포장된 위선적 종교가 되었듯이, 오늘날에는 종교개혁으로 시작된 말씀 운동이 말씀으로 포장된 종교가 된 듯하다. 많은 설교, 많은 강의가 넘쳐 나지만 한국 교회가 변화되지 않고 있는 것은 에스라인이 적기 때문이 아닐까? 내 안의 바리새인을 인정하고 에스라인이 되려는 결단이 한국 교회의 회복의 시작이다.

당신의 삶의 크기는
당신의 자아가 작아질수록 커질 것이다.

_ G. K. 체스터턴(Gilbert Keith Chesterton)

본
질

환상과
실상

우리는 많은 일을 하면서 환상에 젖어 간다. 사람들은 '비전'이라는 멋진 단어를 만들어 냈지만 때로는 비전이라는 이름으로 포장된 환상이 더 많을 수 있다. 참된 비전과 환상을 구별하지 못하면 헤어 나올 수 없는 늪에 빠지게 된다. 자신뿐 아니라 자신이 이끄는 공동체도 방황하게 만든다. 우리는 역사를 통해, 세상이 논리적 체계로 이루어진 이념의 시나리오대로 이루어지지 않는 것을 익히 보아 왔다. 그 점에서 사회 이념도 환상일 때가 있음을 기억해야 한다.

환상은 언젠가 깨어지는 때가 오게 마련이다. 일하던 직장을 그만둘 때, 나이 들어 은퇴할 때가 그에 속한다. 누군가 내게 무슨 일을 하는지 물을까 두려워한다면 열심히 일하면서 쌓아 온 환상이 무너졌다는 것을 의미한다. 자신이 하고 있는 일이나 사회적 지위가 환상에 근

접한 것이라고 자위하며 살아왔다는 뜻일 것이다. 그렇기에 우리는 "나는 진정 누구인가"라는 질문을 끊임없이 던져야 한다. 그 질문에 대답하지 못한다면 비전이 아니라 환상 속에 살아가는 삶은 아닌지 점검해야 할 것이다.

사람들은 실상을 마주하기를 두려워한다. 아니 인정하지 않으려고 한다. 우리는 사회 속에서 다양한 가면을 쓰고 살아간다. 직장은 물론이요, 심지어 가정에서 가면을 사용하기도 한다. 무서운 것은 홀로 있을 때에도 가면을 벗지 않는다는 사실이다. 자신의 실상을 대면하기가 좀처럼 쉽지 않다. 자신이 실상이라고 믿고 있는 것이 알고 보면 환상이었음을 깨닫지 못한다.

각자가 쓰고 살아온 가면을 벗어야 실상을 만난다. 환상을 벗고 실상을 만나는 통로는 여러 가지가 있다. 고난은 그중 중요한 통로이다. 고난을 통해 가면이 찢어져 그 틈으로 자신의 민낯을 볼 수 있다. 우리가 품고 살아온 이념의 환상이 얼마나 얄팍한 진리의 단편이었는지를 깨닫게 해 준다.

독일의 유대인 철학가 마르틴 부버는 《나와 너》(Ich

und Du)라는 명저에서, "내가 누구인지를 알 수 있는 길은 너라는 존재를 만날 때"라고 했다. 사람들은 '나와 너'의 관계를 '나와 그것'의 관계로 바꾸기 때문에 자신을 알지 못한다고 했다. '너'가 아닌 물질, 환경, 직업 등으로 대체될 수 있는 중성대명사 '그것'과의 관계로는 환상에서 벗어나지 못한다.

영원한 '너'(you)이신 하나님 앞에 가면을 벗고 그분과 홀로 대면해야 자신의 실상을 만나게 된다. 환상에서 실상으로 변화되는 유일한 길은 하나님을 만나는 것뿐이다.

삶에서 가장 참된 것은
만남이다.

_ 마르틴 부버(Martin Buber)

고 통

숨어 계시는
하나님

일본의 대표적 현대 소설가인 엔도 슈사쿠가 쓴《침묵》(沈默)이라는 소설이 있다. 17세기 일본의 기독교 박해 상황을 배경으로 한 역사 소설이다. 이 소설에는 당시 일본이 일본인들만 박해하고 배교시킨 것이 아니라 외국인 선교사들까지 배교시킨 것으로 나타난다. 소설은 한 신실한 포르투갈 예수회 소속 신부인 페레이라가 배교했다는 소식이 보고되고, 이에 충격을 받은 제자들이 이를 확인하려고 뒤따라 들어가면서 이야기가 전개된다.

이 소설은 당시 일본이 어떻게 외국인 선교사들을 배교시켰는가를 표현하고 있다. 신앙을 가진 농민들을 코와 입을 꿰어 구덩이에 처박아 거꾸로 매달아 고문해 죽였는데, 농민들 자신이 배교한다고 해서 풀어 주지 않았다. 그들을 전도한 선교사까지 배교해야만 풀어 주었다.

선교사들은 고통 속에서 신음하는 농민들의 소리를 계속해서 들으면서 배교를 강요당했다.

먼저 배교한 페레이라 신부는 주인공 로드리고 신부에게 이렇게 외쳤다.

"내가 배교한 것은 말이야, 이 엄청난 핍박 속에서 하나님이 아무것도 하시지 않았기 때문이야. 나는 농부들이 구덩이에 넣어진 뒤 필사적으로 하나님께 기도했지만 하나님은 아무것도 하시지 않으셨어."

고난과 위기 속에서 우리는 이 시험에 빠진 신부처럼 위기 상황에 응답하시지 않는 하나님을 믿지 않겠다고 말하고 싶어질 때가 있다. 엄청난 상실과 고난을 경험했던 구약의 욥도 이렇게 고백했다.

"그러나 내가 앞으로 가도 그분이 계시지 않고 뒤로 가도 그분을 찾을 수 없구나. 그분이 왼쪽에서 일하고 계실 때도 그분을 뵙지 못하고 그분이 오른쪽으로 돌이키시나 도무지 만나 뵐 수 없구나"(욥기 23:8-9, 우리말성경).

욥은 고통 속에서 하나님을 만나고 싶지만 하나님이 숨어 계신다고 고백했다. 어쩌면 우리는 욥에게 "아닙니다. 하나님이 숨으신 것이 아니라 당신이 하나님을 떠나 있는 것입니다"라고 말해 주고 싶을지 모른다. 그러나 우리는 그렇게 말할 자격이 없다. 욥은 지상에 있는 모든 사람 중에서 가장 신실하게 하나님과 동행했던 사람이다. 우리와 비교할 수 없을 정도로 의로운 사람이며, 우리 중 거의 대부분은 그와 같은 고난을 경험해 보지 못했다.

필자가 이 문제와 씨름할 때 해결의 키를 발견한 것은 필립 얀시의 《하나님, 당신께 실망했습니다》(Disappointment with God)라는 책에서였다.

"하나님에 대해 전혀 실망하지 않는 사람이 있다면 그는 분명 무신론자이다. 무신론자는 하나님께 아무것도 기대하지 않기 때문이다."

많은 신실한 성도가 하나님의 살아 계심을 체험한다. 그런데 이렇게 신실한 하나님의 사람들이 동일하게 체험한 하나님은 숨어 계시는 하나님이다. 숨어 계시는 하나님은 하나님을 모르는 사람들이 아니라 오히려 하나님을 믿고 의지하는 사람들이 더 많이 체험하는 것이다.

하나님과의 친밀한 관계 가운데 살았던 사람들은 모

두가 하나님의 임재가 없는 것 같았다고 고백한다. 세상에 존재했던 사람들 중 하나님과 가장 친밀한 교제를 나누셨던 예수님도 숨어 계시는 하나님을 체험하셨다.

"나의 하나님, 나의 하나님, 어찌하여 나를 버리셨나이까"(마태복음 27:46).

숨어 계신 하나님에 대한 고백은 이스라엘 민족의 멸망을 경험한 이사야 선지자를 통해 분명히 전해진다.

"구원자이신 이스라엘의 하나님, 주께서는 참으로 숨어 계신 하나님이십니다"(이사야 45:15, 우리말성경).

이사야 선지자는 이스라엘 백성이 우상 숭배의 죄로 말미암아 멸망되고 바벨론에 포로로 끌려가게 될 것이라고 예언했다. 그의 예언대로 이스라엘은 무너져 가고 있었다. 믿음의 사람들은 하나님께 회복을 간구했으나 멸망당하도록 내버려 두신 하나님은 숨어 계시는 하나님이셨다.

하나님은 때로 숨으심으로써 자신을 나타내신다. 하나님이 계획을 다 알려 주셔도 우리가 그 모든 계획을 결코 다 이해할 수 없기 때문이다. 숨어 계시는 하나님은 피하고 도망하시는 하나님이 아니다. 우리보다 더 위대하신 하나님의 계획과 능력으로 더 적극적으로 일하시는 하나님이다. 하나님이 때로 숨어 계시는 이유는 우리가 믿음으로 하나님을 알아 가기를 원하시기 때문이다. 하나님이 만일 이 땅의 모든 사람에게 단순히 자신의 존재를 알리기만 원하셨다면 그분은 자신을 숨기지 않으셨을 것이다.

이스라엘 백성은 하나님이 살아 계신다는 모든 증거를 다 체험했다. 그러나 이상하게도 결과는 정반대였다. 이스라엘은 경배와 사랑 대신 거역과 불순종으로 반응했다. 그들은 하나님이 살아 계신다는 증거로 많은 기적을 체험했으나 그 기적들이 믿음의 성장을 가져다주지는 못했다. 오히려 이스라엘의 멸망 속에 하나님은 숨어 계셨지만 이사야를 비롯한 이스라엘의 남은 자들은 믿음으로 하나님을 찾았다. 하나님이 숨어 계시는 기간은 우리의 믿음이 자라는 기간이다.

하나님이 숨어 계시는 이유는 하나님이 발견되시는 기쁨을 누리시기 위해서이다. 하나님은 인간이 발견할 수 없도록 하시기 위해서 숨으시는 것이 아니다. 발견되시려고 숨으시는 것이다. 어렸을 때 즐기던 숨바꼭질 놀이를 회상해 보라. 숨바꼭질 놀이의 즐거움은 숨는 데 있지 않고 적절한 때에 발견되는 것에 있다. 술래가 열심히 노력하면 찾을 수 있는 곳에 숨어 있다가 "찾았다!"라고 소리치며 발견되는 데 기쁨이 있다. 마이스터 에크하르트는 이렇게 말했다.

"하나님은 먼 곳에 숨어 헛기침을 하면서 자신의 위치를 드러내는 사람과 같다."

고난은 때로 하나님이 자신의 위치를 살짝 알려 주시는 것과 같다. 수많은 사람이 고난의 자리에서 하나님을 만났다. 하나님이 자신의 위치를 고난을 통해 알려 주셨기 때문이다.

하나님은 숨어 계시지만 늘 발견되기를 기다리고 계시는 분이다. 하나님은 찾는 자가 찾을 수 있도록 하시기 위해서 숨어 계신다. 숨어 계시는 하나님은 숨으심으로써 더 위대한 일을 하고 계시는 것이다. 숨어 계시는 하나님을 날마다 새롭게 만날 때 우리의 믿음이 더욱 강건해질 것이다.

주님, 가난하게 살아도 좋습니다.
일생을 내 입은 주님을 노래하렵니다.

_ 하용조

슬 픔

———

춤추시는
하나님

"신은 죽었다"라는 말로 유명한 철학자 프리드리히 니체가 언젠가 친구에게 이런 편지를 보냈다고 한다.

"그리스도인들이 내가 자신들의 신을 믿기를 바란다면 노래를 더 잘 부르고, 구원받은 사람들답게 얼굴에 팔복의 즐거움이 나타나야 할 거야. 나는 춤추는 신만 믿을 수 있네."

프리드리히 니체가 진정 춤추는 신은 믿을 수 있다고 말했다면 그는 하나님을 믿었어야 했다. 그는 그리스도인들의 삶의 모습에 있어야 할 구원받은 기쁨과 즐거움이 보이지 않았기 때문에 하나님이 춤을 모르시는 분이라고 생각했던 것일까? 그는 누가복음 15장의 비유에서 예수님이 하나님을 '춤추시는 아버지'로 비유하셨다는 것을 알지 못했을까?

비유에서 집을 나간 둘째 아들이 돌아왔을 때 아버지

의 집에서는 춤추며 즐거워하는 잔치가 벌어졌다(누가복음 15:25). 이때 아버지는 어떠한 모습이었을까? 아마 제일 앞장서서 춤추며 주변 사람들에게 기뻐하며 함께 춤추자고 초청했을 것이다. 예수님은 당시 유대인들이 가지고 있던 잘못된 하나님 개념을 바꾸어 주셨다. 하나님은 집을 나간 아들이 돌아왔을 때 그 아들과 함께 춤추기를 기뻐하는 아버지이시다.

시드니 카터의 "춤추시는 하나님"(Lord of the Dance)이라는 시가 있다. 전통 음악들에 붙여져 노래로도 많이 불리는 시이다. 일부만 인용하면 다음과 같다.

"세상이 창조된 그 아침 난 춤을 추었다.

해와 달과 별에서 춤을 추고

하늘에서 땅으로 내려와 춤을 추었고

베들레헴에서 태어났다.

…

나는 안식일에 춤을 추고 걷지 못하는 자를 고쳤다.

거룩한 사람들은 이것은 모욕이라 말하며

옷을 벗겨 채찍질하고 십자가에 높이 못 박아

피 흘려 죽이려 했다.

슬픔

마귀를 등에 지고 춤추는 것은 결코 쉽지 않았지만

흑암이 뒤덮인 하늘 아래서도 난 십자가에 못 박힌 채 춤을 추었다.

그들은 나를 무덤에 묻어 버리고 내가 사라졌다고 믿었지만

나는 춤추는 하나님, 나는 여전히 춤추고 있었다…"

시인은 하나님이 천지를 창조하신 후 매우 기뻐서 춤추셨다고 표현했다. 이 땅에 오신 하나님이신 예수님이 자신을 거부하고, 핍박하고, 십자가에 못 박은 자들 앞에서도 춤을 추셨다고 했다. 그 모든 고난 속에서도 기쁨을 잃지 않으셨다는 뜻이다. 십자가를 기쁨으로 감당하셨다는 뜻이다. 웃고 마는 기쁨이 아니라 충만한 기쁨, 춤추고 싶을 정도의 기쁨으로 감당하셨다는 뜻이다.

춤추시는 하나님은 우리를 하나님과 함께하는 춤으로 인도하신다. 하나님을 체험한 사람들은 하나님과 더불어 성령 안에서 춤추는 사람들이다. '춤'이라는 단어 속에 감추어진 하나님 체험의 비밀이 있다. 하나님이 우리를 춤으로 초대하실 때 그 춤은 하나님이 주도하시는 춤이다. 우리는 춤의 왕이신 하나님의 리듬과 스

텝에 보조를 맞추어야 한다. 내가 주도적으로 살아가는 인생이 아니라 하나님이 주도적으로 내 안에서 사시는 인생이 하나님과 함께 춤추는 인생이다.

우리가 초대받은 춤은 자기 포기이다. 자발적으로 기쁘게 자신을 포기할 때 우리는 그 춤을 더 잘 출 수 있게 된다. 자신을 포기하는 것은 예수님이 탄생하신 날부터 죽음을 맞이하신 날까지 세상을 사셨던 방식이다. 춤추며 하나님을 찬양했던 다윗은 그의 삶 속에서 자신을 춤으로 초대하시는 하나님을 이렇게 고백했다.

"주께서 나의 슬픔이 변하여 내게 춤이 되게 하시며 나의 베옷을 벗기고 기쁨으로 띠 띠우셨나이다"(시 30:11).

세상은 슬픔과 기쁨이 서로 극과 극으로 나뉘어 있다. 슬픔은 슬픔이고, 기쁨은 기쁨이다. 둘은 서로 만날 수 없는 것이다. 세상은 슬픔 속에서는 기쁨을 맛볼 수 없다고 말한다. 그런데 다윗은 하나님과 함께하는 우리의 춤이 시작되는 첫 스텝이 바로 슬픔이라고 고백했다. 하나님이 우리를 춤으로 초대하시는 첫 번째 초청장이 슬픔이라는 것이다. 하나님은 슬픔 가운데 찾아오셔서 우리의 손을 잡아 일으켜 세워 주시며 우리에게 춤을 청하신다.

"내가 너의 슬픔을 춤으로 변화시켜 줄게. 나와 함께 춤추자. 슬픔을 외면하거나 부인하지 말고, 슬픔을 통과하며 그 슬픔을 허락한 나의 뜻을 깨달으렴. 일어나 나와 함께 춤추는 인생이 되지 않겠니?"

하나님은 왜 기쁨이 아닌 슬픔으로 먼저 초청하실까? 우리가 기쁨 속에서는 자신의 음악과 리듬에 따라 춤추기를 고집하기 때문이다. 자신을 포기하지 않기 때문이다. 자신을 기뻐하는 사람은 결코 자신을 내려놓지 않는다. 우리가 춤의 왕이신 하나님께 우리를 맡기는 때는 대개 슬픔을 통해서이다. 우리는 슬픈 일을 당했을 때 자신의 고집을 내려놓는다. 이것이 바로 하나님과 춤추는 데 필요한 모든 것이다. '어떻게 춤출 것인가?'라는 고민은 할 필요가 없다. 하나님이 가르쳐 주실 것이다.

우리가 하나님과 사랑에 빠지면 우리의 스텝이 저절로 하나님을 따라갈 것이다. 때로 발을 헛디딜 수도 있다. 그러나 하나님은 우리가 비틀거리면 잡아 주시고,

넘어지면 일으켜 세워 주시면서 우리가 계속 춤을 추는 데 필요한 모든 것을 아끼지 않으실 것이다. 슬픔 속에 있는 모든 성도가 삶 속에서 슬픔이 변해 춤이 되게 하시며 춤의 자리로 초대하시는 하나님을 체험할 수 있기를 소망한다.

영적으로 미지근한 성도는
열심 있는 믿음에 이르기 어렵다.
그들은 스스로 속아서
신앙이 있다고 자처해 교만하기 때문이다.

_ 박윤선

책
임

울어라 한반도여

오늘 대한민국의 그리스도인들에게 필요한 것은 선지자 예레미야의 마음이다. 지금 한반도의 영적 상황은 바벨론 포로 시대를 보내고 있기 때문이다. 하나님의 축복을 받은 대한민국은 자유와 번영 속에 바벨론의 향락에 빠져 있고, 북한은 악한 공산 정권에 포로로 잡혀 멸망하고 있는 모습이다. 특히 북한의 상황은 마치 바벨론에 의해 무너진 예루살렘의 모습과도 같다.

북한 정권은 지금 2,400만 동포들의 인권을 무참히 유린하고 백성을 굶주리게 하고 있다. 탈북자동지회 홈페이지에 올라온 탈북자들의 짧은 수기들을 보면 눈물 없이는 읽을 수 없는 이야기들이 너무 많다.

살길을 찾아 두만강을 넘다가 힘이 없어 물살에 떠내려가거나 군인들의 총에 맞아 죽어 가는 사람들, 가까스로 강을 넘었지만 붙들려 다시 강제 북송되어 처참히 매맞고 짓밟히며 죽어 가는 사람들, 탈북에는 성공했지만 인신매매범이나 그보다 더 악랄한 납치꾼들에 의해 팔려 가는 사람들, 차 한 번 타지 못하고 부르튼 발로 중국, 라오스, 태국을 넘는 3만 리를 걸어서 탈북한 사람들.

여기서 끝이 아니다. 사랑하는 가족이 눈앞에서 처형당하는 것을 보고, 전기 철책선에 몸이 불타는 고통을 참으며 죽음의 수용소를 탈출한 사람들, 탈북한 뒤 중국 공안에게 붙잡혀 있을 때 다시 북송되면 처참한 죽음을 면할 길이 없다는 생각에 감옥에서 스스로 목숨을 끊는 사람들.

인민이 주인인 나라를 만든다는 공산당의 폐쇄적인 권력이 북한을 상상을 초월하는 비인간적이고 잔인한 나라로 만들어 버렸다.

이러한 북한의 실상에 대한 대한민국 국민들의 관심은 놀라울 정도로 무관심하다. 2007년 대통령 선거 당시 북한 문제를 주요 쟁점으로 생각한 사람은 유권자 중 3%밖에 되지 않았다. 가장 악독하다고 알려진 14호 수용소를 탈출해 미국에서 북한 인권 운동을 하고 있는 신동혁 씨는 이렇게 말했다.

"제가 보기에 북한에 진정 관심이 있는 남한 사람은 전체 인구의 0.001%밖에 안 되어 보입니다. 남한 사람들의 삶의 방식에는 국경 너머에 대해 생각할 겨를이 없습니다. 생각해 보았자 아무런 이득이 없지요."

무관심의 가장 중요한 원인 중 하나는 통일 비용에 대한 부담일 수 있다. 남한이 북한을 흡수통일했을 때 소요되는 비용은 서독이 동독을 흡수통일했을 때 들었던 비용보다 2.5배 더 소요될 것이고, 30년 동안 2조 달러 이상이 필요하며, 국내총생산의 10%가 북한에 쓰일 것이라는 보고가 있다. 그래서 자신이 살아 있는 동안에는 절대로 통일이 되지 않았으면 좋겠다는 사람들도 상당수 있다는 것이다.

이 사안에 대해 그리스도인들이 가져야 할 태도는 무엇일까? 이러한 상황을 하나님께 기도로 올려 드리며 예레미야와 같이 눈물로 기도해야 한다. 예레미야애가는 눈물의 고백이요, 눈물의 기도이다. 민족의 멸망을 바라보면서 하나님께 눈물로 드린 탄원의 기도이다. 예레미야는 슬픔 속에서 가장 깊은 절망을 경험하면서 가장 깊은 믿음의 기도를 드렸다. 우리도 가장 깊은 절망 속에서 소망을 기도한 예레미야의 기도를 따라 북한을 품고 기도해야 한다.

첫째, 하나님이 여전히 한반도를 통치하신다고 믿고 기도해야 한다. 예레미야는 이렇게 고백했다.

"여호와여, 주는 영원히 통치하시며 주의 보좌는 자손 대대로 지속됩니다"(예레미야애가 5:19, 우리말성경).

바벨론은 시온 산의 멸망을 가리켜 자신들의 신이 하나님을 이긴 것이라고 자랑했지만 예레미야는 결코 동의하지 않았다. 어떤 독재와 권력도 하나님의 통치를 막을 수 없다.

하나님 나라를 대적하는 모든 세력은 결국 무너지게 될 것이다. 세상을 요동하게 만드는 그 어떤 일도 세상을 창조하신 분을 어지럽히지는 못한다. 한 나라를 완전히 장악했다고 생각하는 어떤 권세도 결코 하나님을 장악할 수는 없다. 지상의 모든 보좌는 무너질지라도 하늘의 보좌는 결코 무너지지 않는다. 북한에서 교회가 사라진 것 같고, 하나님의 임재가 느껴지지 않는 것 같지만 하나님 나라는 결코 북한에서 쫓겨난 것이 아니다. 하나님은 여전히 북한을 다스리고 계신다.

둘째, 하나님이 결코 북한을 더 오랫동안 이러한 상황에 버려두지 않으실 것을 믿고 기도해야 한다. 예레미야는 이어서 이렇게 고백했다.

"왜 우리를 영원히 잊으시고 왜 우리를 이토록 오랫동안 버려두십니까?"(예레미야애가 5:20, 우리말성경).

이 고백은 단지 부정적인 탄식이 아니다. 긍정적인 대답을 전제로 한 질문의 기도이다. 이 고통의 때를 감해 달라는 기도이다.

극심한 고통이 언제 끝날지 모르는 상황에서는 혹시 하나님이 영원히 잊으시는 것이 아닌가 두려워할 수 있다. 그러나 하나님은 결코 오랫동안 버려두는 분이 아니시며, 자기 백성을 영원히 잊는 분이 아니시다. 예레미야가 이 기도를 드릴 무렵 상황적으로는 아무런 구원과 회복의 조짐이 보이지 않았지만 하나님은 이미 준비하고 계셨다. 하나님의 회복의 역사는 이미 시작되고 있었다. 하나님은 바벨론 포로기가 70년이 넘지 않도록 하셨다.

정전 60년을 넘어섰다. 하나님께 간구하기를, 정전 70

년은 넘기지 말아 달라고 기도해야 한다. 바벨론 포로 시대 같은 남북 분단의 현실이 하나님의 역사하심으로 복음 안에서, 하나님 안에서, 자유민주주의 체제 안에서 통일되어 회복의 역사가 일어나기를 기도해야 한다.

셋째, 하나님이 북한에서 옛 신앙을 회복시키실 줄 믿고 기도해야 한다.

"여호와여, 우리를 주께로 돌이켜서 우리를 회복시키소서. 우리의 날들을 옛날처럼 새롭게 하소서. 주께서 우리를 완전히 버리시지 않았고 주의 진노가 아주 심하지 않다면 그렇게 하소서"(예레미야애가 5:21-22, 우리말성경).

"주께서 우리를 돌이키소서"라고 기도하지 않고 "우리를 주께로 돌이켜서 우리를 회복시키소서"라고 기도한 것은 하나님과 거리가 멀어진 지금의 상황에 대한 책임이 하나님이 아니라 우리에게 있다고 고백한 것이다. 하나님은 결코 먼저 떠나시지 않는다. 따라서 우리가 하나님께로 돌아가는 일도 하나님이 돌이켜 회복시키셔야 가능한 것이다.

예레미야는 옛날을 생각하면서 하나님의 도우심을 간구할 수 있는 힘과 용기를 얻었다. 옛날 예루살렘의 영광과, 옛날 다윗 왕국에 이루어졌던 하나님의 임재를 기억할 때 우리의 날들을 옛날처럼 새롭게 해 달라고 기도하게 되었다.

우리도 이렇게 기도하자.

"동방의 예루살렘이었던 평양에서 일어난 1907년의 평양대부흥운동이 평양에서 옛날처럼 일어나게 하소서! 일제시대 때 순교의 각오로 믿음을 지키고, 신사참배를 거절하고 순교한 순교자의 신앙이 한반도에서 옛날처럼 일어나게 하소서! 공산당의 박해 기간 동안 목숨을 걸고 믿음을 지킨 순교자의 믿음이 북한의 그루터기 교회들을 통해 옛날처럼 일어나게 하소서!"

밤이 깊어지는 것은 새벽이 더 가까이 오고 있다는 증거이다. 북한 땅에 어둠이 짙을수록 하나님이 준비하신 역사의 새벽이 가까이 오고 있다는 뜻이리라. 우리는 '하나님이 알아서 해 주시겠지'라는 생각으로 방관하며 무관심한 채 기다리는 백성이 아니라 동족의 구원을 위해서라면 자신의 이름이 그리스도에게서 끊어질 것도 각오한 바울의 결단을 본받아 북한과 한반도의 변화를 위해서 기도하며 나아가자.

우리는 잘해서 하나님께 가는 것이 아니라
잘못해서 하나님께 간다.

_ 리처드 로어(Richard Lower)

난
관

영혼의
어두운 밤

'영혼의 어두운 밤'이라는 용어는 1542-1591년에 활동한 16세기 수도사 십자가의 성 요한이 쓴 책 제목에서 유래한 것이다. 그는 아빌라의 성 테레사와 함께 당시 부패한 수도원을 개혁하는 운동을 일으켰다. 원래 이름은 성 마티아의 요한이었는데, 십자가의 요한으로 바꿀 정도로 그는 그리스도의 십자가 아래에서 온전하고 개혁적인 수도 생활을 하기 원했다.

1577년 10월 어느 날, 그는 수도원 개혁을 반대하는 수도사들에 의해 납치되어 톨레도 수도원에 11개월간 감금되었다. 독방에 갇힌 그는 벽 틈으로 들어오는 가느다란 빛줄기를 제외하고는 온통 어둠 속에서 지냈다. 그는 이 감금 생활 동안 경험했던 영적 체험을 글로 남겼다.

그런데 이 책에서 그는 자신이 감옥에서 얼마나 고생

했는지를 간증하지 않고, 하나님이 허락하신 어두운 밤을 통해 한 영혼이 어떻게 하나님과 더욱 친밀해질 수 있었는가에 대해 고백했다. '영혼의 어두운 밤'은 한 영혼이 하나님과의 친밀한 연합 속으로 들어가기 위해서 반드시 통과해야 하는 좁은 길을 표현한 것이다. 십자가의 성 요한은 '영혼의 어두운 밤'을 경험하게 되는 때는 하나님이 초신자의 자리에서 깊은 믿음으로 나아가게 하시는 때라고 말했다.

우리는 하나님과의 친밀한 연합은 경험하고 싶어 하지만 때로 그 길이 어두운 밤길이라는 것은 받아들이고 싶어 하지 않는다. 어두운 밤을 통과하지 않고 오직 밝은 빛이 비치는 길을 통해서만 하나님과 친밀해지고 싶어 한다. "하나님은 빛이시니 어둠이 조금도 없으시다"라는 말씀(요한일서 1:5 참조)을 떠올리면서 어두운 밤은 결코 있어서는 안 되는 것으로 여긴다.

바바라 브라운 테일러라는 미국의 설교자는 이러한 모습을 '전적 태양 영성'(full solar spirituality)이라는 단어로 꼬집었다. 믿음 생활의 밝은 면만 받아들이려고 한다는 것이다. 인생에는 어둠이 전혀 없을 것이라는 긍정적

믿음만을 붙들려고 한다는 것이다.

이런 믿음을 가지고 있는 성도는 욥기를 읽으면 난관에 부딪힐 수밖에 없다. 하나님이 자랑하실 만큼 의로운 삶을 살고 있었던 욥이 이해할 수 없는 고난 속에서 몸부림치는 모습을 상상해 보라. 그가 겪은 영혼의 어두운 밤을 어떻게 설명할 수 있겠는가! 욥은 영혼의 어두운 밤을 통과하면서 얻은 유익을 욥기 마지막 장에서 이렇게 고백했다.

"나는 주께서 모든 일을 하실 수 있고 계획하신 일은 무엇이든 이루신다는 것을 알았습니다. 잘 알지도 못하고 주님의 뜻을 가린 자가 누구입니까? 내가 알지도 못하는 일들을 말하고 너무 기이해서 알 수 없는 일들을 내가 내뱉었습니다"(욥기 42:2-3, 우리말성경).

욥은 모든 일을 계획대로 하실 수 있는 전능하신 하나님과, 그분이 행하시는 일들이 너무 기이해서 잘 알지도 못하고 알 수도 없는 자신을 발견하게 되었다. 영혼의 어두운 밤을 통과하면서 그가 얻은 유익은 하나님의 위대하심과 선하심, 그리고 자신의 한없는 무지함을 깨닫게 된 것이었다. 욥은 우리가 가장 수동적인 상태에서 하나님이 가장 능력 있게 역사하신다는 것을 경험했다. 하나님은 영혼의 어두운 밤을 통해 우리를 가장 수동적인 상태로 만들어 놓고 일하신다는 것을 깨달은 것이다.

십자가의 성 요한은 인간의 능동이 도저히 미치지 못하는 성화가 영혼의 어두운 밤에 우리가 완전히 수동의 상태에 있을 때 이루어진다고 말했다. 우리의 영혼은 하나님이 수동적인 정화를 이루어 주시지 않으면 아무리 능동적으로 힘을 써도 온전한 정화가 이루어지지 않는다는 것이다.

하나님은 빛과 어둠을 동시에 창조하셨다. 하나님은 빛을 낮이라 칭하시고 어둠을 밤이라 칭하셨다. 원래 어둠은 하나님의 창조 질서의 일부분이다. 사람들은 인공 조명을 만들어 어둠을 밝히기 시작하면서부터 어둠을 두려워하게 되었다. 화려한 네온사인 때문에 하늘의 별을 보지 못하게 되었고, 강한 불빛 때문에 깊은 잠을 방해받게 되었다.

어둠은 우리를 수동적으로 만든다. 어두운 밤에는 우리 스스로 할 수 있는 일이 없다. 어둠은 우리를 멈추게 하고 쉬게 한다. 빛만 있다면 인간은 살 수 없다. 어둠 속에서 인간은 잠을 자고 회복을 경험한다. 어둠은 빛만큼이나 건강에 필수적이다. 어둠이 부족하면 빛 때문에 병에 걸린다. 우리는 어둠의 유익을 무시하며 살아간다.

낮에 능동적으로 활동할 수 있을 때 우리는 자신이 마치 세상의 주인이요, 전능한 존재인 것처럼 움직인다. 그러나 어둠이 찾아오면 우리가 얼마나 연약하며 수동적인 존재인지를 깨닫는다. 어두운 밤을 지나며 육신의 눈으로 볼 수 없는 세계가 있다는 것을 알게 되고 하나님을 의존하게 된다. 내 눈으로 보이지 않는 길을 걸으면서 이둠 속에서도 보실 수 있는 하나님의 손을 잡게 된다.

창세기에서 하루를 계산할 때 "저녁이 되고 아침이 되니"라고 한 것은 하루의 시작을 아침이 아니라 어두운 저녁으로 본 것이다. 왜 어두운 밤으로부터 하루를 시작하는가? 아침에는 인간이 능동적으로 움직인다. 그래서 인간은 만물의 주인이 자신인 줄 안다. 그런데 어두워 인간이 움직이지 못하고 쉴 때 하나님이 일하신다.

우리가 잘 때도 하나님은 일하신다. 우리가 아침에 눈을 뜨고 하루를 시작하는 것은 우리가 하루를 먼저 시작하는 것이 아니라 하나님이 먼저 이루신 일을 따라가는 것뿐이다.

영혼의 어두운 밤은 우리를 무너뜨리는 과정이 아니라 어둠을 통해 일하시는 하나님의 역사를 드러내는 과정이다. 우리 안에 숨어 있는 교만과 죄를 드러내 더욱더 정결하게 하는 과정이다. 영혼의 어두운 밤을 지나고 있는가? 하나님의 선하심과 의로우심을 더욱더 신뢰하며, 찬양하며, 의지하라. 그 밤을 통해 하나님과의 친밀함을 더 깊이 경험할 수 있기를 바란다.

이 세상에는 단 하나의 빈곤이 있을 뿐이다.
그것은 기도의 빈곤이다.

_ 조지 뮬러(George Muller)

진실

헤롯의 크리스마스, 메시 크리스마스

성탄 카드의 그림에는 복음서에 기록된 성탄 기사의 장면들이 나온다. 별을 따라가는 동방 박사들, 경배하는 목자들, 구유에 누이신 아기 예수 등. 그런데 만일 누군가로부터 받은 성탄 카드의 그림에 어린 아기들이 학살당하는 장면이 그려져 있다면 어떤 느낌이 들겠는가?

사실 첫 번째 크리스마스에 일어난 사건을 담은 장면 중 하나는 무고한 영아들이 무참히 학살당하는 모습이다. 그것은 첫 번째 크리스마스에 인간들이 하나님께 보낸 성탄 카드의 그림이라고 할 수 있다.

첫 번째 크리스마스의 사회적인 배경은 헤롯이 다스리던 유대이다. 당시는 크고 작은 공개적인 처형이 실행되지 않은 날이 단 하루도 없을 정도로 무시무시한 시대였다. 어린아이들을 무참히 학살해도 어느 누구도 반항할 수 없는 강력한 로마의 권력이 지배했다.

혜롯은 로마와 유대 사회의 고리 역할을 한 정치 지도자였다. 그는 유대인의 왕이 되기에는 정통성이 없었으나 로마 원로원의 인정을 받으면서 왕으로 세워졌다. 당시 사회의 기준으로 보면 성공한 정치가로서 40년간이나 유대를 통치했다.

혜롯은 로마가 유대교를 인정하도록 하는 데 큰 역할을 했다. 혜롯 덕분에 유대교는 로마제국에서 공적으로 인정받았고, 유대인들은 황제 숭배에 참여하지 않아도 되었다. 혜롯은 이로써 유대인들의 정치적인 지지를 기대했다. 그는 유대인들에게 있어서 아주 고마운 사람으로 받아들여져야 할 만큼 유대인들을 위해 노력을 많이 했다. 그러나 유대인들은 그를 좋아하지 않았다. 혜롯이 유대 땅에 있는 이방인들의 지지를 받기 위해서도 동일하게 노력했기 때문이다. 그는 마치 카멜레온과 같이 여러 가지 얼굴을 가지고 행동했던 것이다.

혜롯은 인격 장애를 가진 사람이었다. 인격 장애자가 되는 이유의 뒷면에는 엄청난 불안과 두려움이 있다. 혜롯은 로마와 유대인들 사이에서 어느 한 군데로부터라도 거절당할까 봐 두려워했다. 그는 유대인들을 위해

화려한 성전까지 지어 주었지만 그것은 유대인들을 사랑해서가 아니라 자신을 사랑하고 자신의 위치를 굳건히 세우기 위한 것이었다.

헤롯은 동방 박사들이 유대인의 왕께 경배하러 왔다고 했을 때 유대인의 왕이 어디서 태어날 것인가에 대해 조사했다. 박사들에게는 아기를 찾으면 자신에게도 알려 달라고 했다. 자신도 경배하고 싶다고 했으나 거짓말이었다. 사실은 아기를 죽이려고 했던 것이다. 박사들이 다른 길로 돌아가자 헤롯은 본색을 드러내 베들레헴에서 태어난 두 살 아래의 아기들을 모두 죽이라고 지시했다.

영아들이 비참하게 살해당하는 마을을 상상해 보라. 아기들은 가정의 소중한 보물들이다. 아기들의 울음소리는 전혀 시끄러운 소음이 아니요, 희망의 소리이다. 아기들이 군인들에 의해 무참히 죽어 갈 때 헤롯은 속으로 미소를 띠고 있었을 것이다. 헤롯은 충분히 그럴 수 있는 사람이었다. 그는 늘 자신의 위치에 대한 불안감에 시달렸기 때문이다. 그는 자기 주변에서 정치적인 욕망을 가질 수 있는 사람이라고 생각되는 사람은 누구든 가차 없이 죽였다.

헤롯에게 있어서 첫 번째 크리스마스는 '메리(merry) 크리스마스'가 아니라 '메시(messy, 엉망진창인) 크리스마스'였다. 왜 그의 첫 번째 크리스마스가 이처럼 피로 얼룩진 크리스마스가 되었는가? 헤롯은 왜 아기 예수를 죽이려고 했는가?

헤롯은 예수님을 제대로 본 것이다. 아기 예수의 탄생이 보통 사건이 아니라는 것을 알아본 것이다. 헤롯에게 아기 예수의 탄생은 대단히 위협적인 사건이었다. 대제사장들과 서기관들의 보고서는 헤롯을 더욱더 불안하게 만들었다. 헤롯은 자신의 권세에만 관심을 가졌던 사람이다. 자신을 반대하는 자들을 쳐부수고, 오직 권세를 잡는 일에만 인생의 목표를 둔 사람은 잔혹해질 수 있다. 역대의 정복자들이 다 그러했다. 칭기즈칸과 스탈린, 히틀러 등은 헤롯처럼 마치 물을 흘리듯 피를 흘린 사람들이다. 그들은 자신들의 권세를 위해서는 사람을 죽이는 일을 조금도 두려워하지 않았다.

헤롯은 어떤 희생을 치르고라도 자신의 위치를 세우려는 이기주의의 상징이다. 크리스마스를 맞이하면서도 여전히 자신의 위치만이 세상에서 가장 중요하다고 생각하는 것은 '메리 크리스마스'를 '메시 크리스마스'로 바꾸어 버리는 잔인한 행동이다.

우리는 헤롯이 아기 예수를 보고 죽이려고 했던 것처럼, 우리 안에 아기 예수를 죽이려는 무서운 악이 존재한다는 사실을 바로 보아야 한다. 크리스마스를 맞이하면서 우리 안에 있는 헤롯을 바로 보고 제거하지 않으면 우리 안에 있는 헤롯이 아기 예수를 제거해 버리려고 할 것이다.

그러나 헤롯은 예수님을 잘못 보았다. 예수님은 헤롯의 자리를 탐낸 분이 아니셨다. 헤롯은 크리스마스의 이유를 철저히 착각했다. 예수님을 자신의 왕위를 빼앗아 갈 존재로 오해했다. 예수님은 헤롯의 왕좌에 앉으려고 세상에 오신 것이 아니라 헤롯의 삶의 주인이 되기 위해서 오셨다. 헤롯을 다스리는 왕으로 오신 것이다. 예수님은 헤롯이 의심했던 것처럼 그의 생명을 빼앗기 위해 오신 것이 아니라 그에게 영생을 주기 위해서 오신 것이다.

오늘날 헤롯처럼 크리스마스의 의미를 오해하는 사

람들이 있다. 그들은 예수님이 이 세상에 오신 이유가 자신들이 가지고 있는 좋은 것들을 빼앗기 위해서라고 생각한다. 예수님이 진정한 기쁨과 자유와 평화를 주기 위해서 오셨다는 사실을 전혀 알지 못한다.

예수님은 빼앗기 위해 오신 분이 아니라 주기 위해서 오셨다. 이러한 오해를 가지고 있는 사람은 크리스마스의 축복을 누리지 못한다. 예수님은 자신의 생명까지 주기 위해서 오신 분이다. 크리스마스는 처음부터 끝까지 우리가 하나님의 사랑을 받는 데 의의가 있다. 우리가 해야 할 일이 아무것도 없다는 뜻이다. 예수님이 우리가 해결할 수 없는 우리의 죄를 모두 처리하시고, 우리가 이룰 수 없는 의로움을 이루시고 우리에게 선물로 주기 위해 오신 것이다.

더 이상 그렇게 하지 않는 것이
진정한 회개이다.

_ 마르틴 루터(Martin Luther)

목
적

한국 교회는
매여 있는가,
풀고 있는가

때때로 우리의 삶은 마치 엔진 브레이크가 걸려 앞으로 나가지 못하는 자동차처럼 여러 가지 올무에 매여 전진하지 못할 때가 있다. 과거의 상처, 실패로 인한 절망, 죄악의 습관에 매여 앞으로 나가지 못하는 것이다. 이 모든 매임의 근원은 사탄이다. 보이지 않는 매임은 세계관이나 이념 혹은 가치관으로 형성되어 사람들을 사로잡고, 보이는 매임은 폭력과 억압, 때로 질병으로 나타난다.

예수님은 사탄의 매임에서 우리를 풀어 주려고 오셨다. 사탄이 인간을 매어 놓는 최대의 무기는 죽음이었다. 그러나 예수님은 십자가와 부활로 우리에게 영원한 생명을 주셨다. 이 생명은 매임에서 놓임을 받고 해방시켜 주는 것이다. 자유롭게 해 주는 것이다. 죽음까지도 붙잡을 수 없는 영원한 생명으로 풀어지게 하는 것이다. 죽음마저도 우리를 얽매이게 할 수 없다면 그 무엇이 우리를 얽매이게 할 수 있단 말인가.

예수님은 종종 안식일에 병을 고쳐 주심으로 당시 유대 사회에 널리 퍼져 있던 보이지 않는 매임을 푸시려고 도전하셨다. 누가복음 13장에서 예수님은 회당에서 가르치실 때 아무도 주목하지 않는 한 여인을 바라보셨다. 그 여인은 18년 동안이나 허리를 펼 수 없던 여인이었다. 예수님은 가르침을 듣는 한 사람 한 사람을 주목하시고, 그들이 어떤 매임에 붙잡혀 있는지 보셨던 것이다.

예수님은 여인을 부르시고는 "여자여 네가 네 병에서 놓였다"(누가복음 13:12)라고 말씀하셨다. 그 순간 여인은 허리를 쭉 펴고 하나님께 영광을 돌렸다. 마귀가 여인을 매는 데는 18년이 걸렸지만, 예수님이 여인의 결박을 푸시는 데는 18분도 채 걸리지 않았다.

바로 그때 또 다른 문제가 일어났다. 회당장이 회당에 있는 무리에게 분노하며 말한 것이었다. 이유인즉 안식일 규례를 어겼다는 것이었다. 우리는 회당장의 분노를 어떻게 이해해야 할까? 왜 회당장은 여인의 병이 나은 것을 기뻐하지 못하고 제도가 깨어진 것에 대한 분노만 표출했을까?

이러한 왜곡된 감정은 예수님이 베데스다 연못가에서 38년 된 환자를 고치셨을 때도, 베드로와 요한이 성전 미문에서 환자를 치유했을 때도 동일한 반응으로 나타났다. 기적에 대한 경외감은 찾아볼 수 없고, 자신들이 세워 놓은 종교적 체계를 손상시킨 것에 대한 분노만이 더 강하게 나타났다.

이러한 왜곡된 종교적 감정은 1세기 유대인들에게만 나타났던 것은 아니다. 17세기 스코틀랜드에서도 아주 엄한 안식일 규칙이 적용되었다. 한 엄격한 목사는 안식일에 아이의 어머니가 먼 거리에서 기차를 타고 왔다는 이유로 유아세례를 거절했다. 미국에 처음 건너온 청교도들도 아주 엄격하고 무자비한 안식일 제도를 시행했다. 1650년 뉴헤븐에서 제정된 법에 의하면, 주일에 도둑질을 한 사람에게는 엄벌이 내려졌다. 처음 도둑질을 한 경우 귀 하나를 베어 내고, 두 번째이면 다른 한 귀를 베어 내고, 세 번째이면 사형을 선고했다. 당시 사형이 언도된 사람은 없는 것으로 알려져 있지만, 청교도들이 안식일 제도를 매우 율법적으로 시행하면서 많은 부녀자와 아이가 투옥되고 매를 맞았다는 것은 공공연한 사실이다.

신앙적으로 본받을 점이 많았던 청교도들까지도 왜곡된 제도를 진심으로 믿고 따랐다면 오늘 이 시대에도 예수님이 오신다면 틀림없이 "이것은 아니야"라고 말씀하실 제도들이 있을 수 있다고 보아야 한다. 예수님은 그들을 향해 "위선자들아!"라고 책망하셨다.

위선에는 두 가지 종류가 있다. 첫 번째는 윤리적으로 겉과 속이 다른 위선이다. 두 번째는 잘못된 것을 옳다고 믿음으로 생겨나는 집단 문화적 위선이다. 회당장은 윤리적으로 겉과 속이 다른 위선으로 지적받은 것이 아니다. 그는 당시 유대 사회 지도자들이 보편적으로 옳다고 믿고 있던 문화 속에 있었기 때문에 분노했다. 예수님은 그것을 가리켜 위선이라고 지적하셨다.

한 사회, 특히 신앙 공동체가 집단 문화적 위선에 빠지게 되는 이유는 무엇일까? 목적을 잃어버린 제도나 형식을 고수하려고 하기 때문이다. 위선자들은 안식일을 거룩히 지키기 위해서 '어떻게' 할 것인가만 연구했지 '왜' 지켜야 하는지는 연구하지 않았다. 그 결과 이유를 알지 못하고 시행하는 일들이 계속 생겨났다.

'어떻게'라는 질문은 '왜'라는 질문에 언제나 종속되어야 한다. 방법을 알지 못할 때는 이유를 묻는 질문으로 돌아가야 한다. 그때 방법이 나온다. 그런데 '왜' 하는지 모르고 '어떻게'라는 질문만 던지면 목적과 상관없는 엉뚱한 일들이 만들어진다. 그렇게 만들어진 제도를 존속시켜 가다 보면 집단 문화적 위선에 빠지게 되는 것이다. 집단 문화적 위선에 빠지면 중요하지 않은 것을 지키느라 더 중요한 것을 잃어버리게 된다. 제도 자체를 지키기 위해 사람들의 진정한 필요와 문제는 외면해 버리는, 마치 집단 최면에 걸린 듯한 현상이 일어나는 것이다.

회당장은 자신이 속한 사회가 옳다고 믿는 종교적 제도가 무너지는 것에 분노했다. 그러나 예수님은 한 영혼이 병과 사탄에게 매여 있는 것에 분노하셨다.

"그렇다면 아브라함의 딸인 이 여인이 18년 동안이나 사탄에게 매여 있었으니 안식일에 이 매임에서 풀어 주는 것이 당연하지 않느냐?"(누가복음 13:16, 우리말성경).

회당장은 율법을 그 목적인 사랑을 실천하는 도구가 아니라 사랑을 말살하는 도구로 만들어 버렸다. 그러나 예수님은 율법의 목적(사랑의 실천)을 막는 제도라면 무엇이든 무너질 수 있고, 또 무너져야 한다는 것을 보여 주셨다. 회당장이 예수님께 붙인 죄목은 '안식일 파괴자'였다. 그러나 실상 예수님은 '안식일 회복자'이셨다. 예수님이 풀어 주신 것을 우리가 다시 매는 일이 있어서는 안 될 것이다.

우리 안에 회당장의 위선적 분노가 없는지 살펴보자. 내가 옳다고 믿는 것이 집단 문화적 위선에서 비롯한 잘못된 믿음은 아닌지 살펴보자. 아울러 교회의 제도들은 고통 가운데 있는 이들을 사랑으로 찾으시고 구원하고자 하시는 하나님의 목적을 이루는 거룩한 도구가 되어야 한다. 한국 교회는 매여 있는가, 아니면 예수님의 임재 아래 매임을 풀고 있는가?

진정한 개혁가는 어떤 패턴을 제시하지 않고
이미 그렇게 살고 있고 보여 주고 있다.

_ 저자

2부

방
향

정통과
전통

어느 사회이든 갈등의 중심에는 정통(orthodoxy)과 전통(tradition)의 보이지 않는 싸움이 있다. 정통은 시대와 문화가 바뀌어도 변할 수 없는 올바른 진리와 가치이다. 전통은 때로는 옳고 그름과 상관없이 오랜 시간 동안 존속되어 그 가치를 인정받는 것이다. 그런데 정통과 전통이 서로 충돌해 싸움이 일어날 때 사회는 갈등을 겪게 된다.

이 싸움은 대개 두 개의 극단으로 나뉘어 진행된다. 한 극단은 전통적인 것은 무조건 옳으며 변화시킬 수 없는 것으로 절대시하는 수구주의적 흐름이다. 이는 정통과 전통의 차이를 구별하지 못하고 동일시해 때로 옳지 않은 전통까지도 정통처럼 고수할 때 생기는 현상이다. 이러한 흐름 속에 사회가 젖어 들면 화석화되어 가는 전통과 함께 점점 소멸될 수밖에 없다.

또 다른 극단은 정통을 담고 있는 좋은 전통까지 옛것이라는 이름으로 무조건 배척하고 변화의 대상으로 삼아 버리는 변화지상주의적 흐름이다. 새로운 것이면 무엇이든지 좋게 여기는 이러한 흐름 속에서는 변화는 많이 시도하는 것 같은데 방향이 올바르게 정해지지 않았기에 열매 없는 변화가 되기 쉽다.

미국의 미래교회학자 레너드 스윗은 이렇게 말했다.

"하나님의 꿈은 새것처럼 좋은(good as new) 교회가 아니라 오래된 것처럼 좋은(good as old) 교회이다. 오늘날 교회의 문제는 너무 전통적이라는 것이라기보다는 충분히 전통적이지 못하다는 데 있다. 교회는 전통의 많은 부분을 무시하며 전통에 대한 한 가지 고정된 해석으로 미래를 붙잡고 있다."

현대 교회의 문제가 충분히 전통적이지 못해서이며, 전통의 많은 부분을 무시하기 때문이라는 지적이다. 이는 다시 말하면 '전통 속에 살아 있는 정통은 발견하지 못하고, 정통과 상관없는 일부분의 전통을 고집하며 변화를 거부하고 있는 문제'라고 할 수 있다. 교회 역사가 보여 주는 것은 교회가 정통으로 전통을 변화시키지 않을 때는 전통이 정통을 무너뜨릴 수 있다는 것이다. 물론 정통으로 전통을 변화시키는 것은 때로 모험일 수 있다. 그런데 교회가 미래를 위한 모험을 하지 않을 때는 더욱더 위험한 상황이 벌어진다. 미국의 어느 교회 문 앞에는 이런 글이 새겨져 있다고 한다.

"모든 위험을 스스로 감수하고 들어오십시오."

하나님은 가장 위대한 모험가이시다. 천지를 창조하신 것도, 인간을 창조하신 것도 모두 하나님의 모험이다. 인생에서 위험하지 않은 것은 아무것도 없다. 위험하다고 해서 모험하지 않으면 더 큰 위험에 빠지게 된다. 정통 없는 전통을 변화시키는 모험을 거부하는 교회는 더 큰 위험에 빠질 수 있다.

그런데 많은 교회 지도자가 모험을 하다가 실패했다. 그 이유가 무엇인가? 정통을 무시했기 때문이요, 변화 자체를 위한 모험을 했기 때문이다. 교회의 미래를 이끌어 가는 모험은 반드시 과거의 신앙 정통에 뿌리를 깊이 내려야 한다.

교회의 정통은 사도행전이다. 사도행전에 나타난 교회의 모습이 정통이다. 말씀과 성령의 역사가 살아 있는 교회의 모습이 정통이다. 그리고 말씀과 성령의 역사가 교회의 전통을 새롭게 창조하며 변화시킨 것이 사도행전의 역사이다.

항해 중인 배는 허리케인을 만나면 닻을 앞으로 던져서 고정시킨 뒤 닻줄을 잡아당겨 조금씩 앞으로 나아간다. 반대로 바람이 전혀 없어 움직일 수 없을 때에도 동일한 방법을 사용한다. 사도행전의 역사는 교회의 닻과 같은 정통으로, 변할 수 없는 비전이 되어야 한다. 사도행전은 전혀 문제 없는 교회 역사가 아니다. 오순절 성령 충만을 받은 초대교회에도 수많은 문제가 있었다. 그러나 말씀과 성령 안에서 전통을 끊임없이 새롭게 변화시켜 간 역사이다.

마틴 로이드 존스 목사는 《부흥》(Revival)에서 '죽은 정통'의 문제들을 지적했다. 죽은 정통 바리새인들이 장로들의 유전을 말씀 그 자체보다 더 중요하게 여긴 것처럼 교회의 해석과 교권주의적 제도(전통)들을 하나님의 말씀(정통)보다 더 권위 있게 여기는 것을 뜻한다. 또한 성령을 소멸하며 편안한 만족감에 빠져 열정은 하나도 없이 그저 이전 것을 고수하려고만 하는 것이다. 그가 말한 죽은 정통이란 전통의 힘에 정통이 함몰되어 버린 상태를 의미한다. 말씀과 성령의 역사에는 전혀 관심이 없고, 교회의 오랜 전통만을 지키며 그것이 신앙생활이라고 안일하게 만족하며 자부하는 경향을 지적한 것이다.

그러나 정통이 살아 있는 교회는 사도행전적인 말씀과 성령의 역사를 받아들이며, 열정을 가지고 미래를 위해 새로운 전통을 만들며 도전하고 변화한다. 사도행전적 교회의 정통을 지켜 가기 위해서라면 어떠한 전통이든 변화시킬 각오를 하며 전진한다. 한국 교회는 생명력 없는 전통을 절대시하며 죽어 가는 교회가 될 것인가, 아니면 정통이 살아나는 교회가 될 것인가의 기로에 서 있다. 정통으로 전통을 변화시키지 못하면 전통이 정통을 변화시키게 될 것이다.

우리를 창조하신 하나님은
지금도 우리 안에서 창의적으로 일하신다.

_ 유진 피터슨(Eugene Peterson)

모험

네 떡을
물 위에
던져라

전도서의 깊은 인생론을 묵상하다 보면 전도자가 제시하는 인생의 의미를 알 듯 모를 듯 헤맬 때가 많다. 인생의 결론을 내리고 설명하는 연역적 변증이 아니라 다양한 시도와 경험을 통해 얻은 씨줄과 날줄의 진리의 실들을 엮는 귀납적 고백이기 때문이다. 어떤 신학적 체계로도 다 담을 수 없는 것은 하나님을 아는 지식만이 아니다. 인생의 신비한 경험들 또한 어떤 학문으로도 다 설명할 수 없다.

전도서에서 '인생이란 이런 것인가?' 하고 무릎을 치며 만나게 되는 도전적인 말씀 중 뇌리에서 떠나지 않는 것은 "너는 네 떡을 물 위에 던져라 여러 날 후에 도로 찾으리라"(전도서 11:1)라는 말씀이다. 앞뒤가 맞지 않는 말씀이요, 이해되지 않는 말씀이다. 앞의 명령은 실로 무모한 행동이요, 뒤의 약속은 행복을 가져다주는 축복이다.

새번역 성경은 이 말씀을 "돈이 있으면, 무역에 투자하여라. 여러 날 뒤에 너는 이윤을 남길 것이다"라고 번역했다. 감리교신학대학교 왕대일 교수는 이 번역이 자본주의 시대의 문화 환경에서 잘못 해석한 것이라고 지적했다. '떡'을 '돈'으로, '물'을 '해상무역'으로, '도로 찾는다'라는 표현을 '이윤을 남긴다'라고 해석한 것이다. 그는 원문에 나타난 단어들에는 투자나 이윤을 얻는 의미가 전혀 없다고 지적했다. 더구나 전도자는 이미 한평생 부귀와 영화를 누려 본 자이고, 앞서 돈을 좋아하는 것은 만족이 없다고 고백했기에(전도서 5:10 참조) 더욱 맞지 않다.

그렇다면 "떡을 물 위에 던져라"라는 말씀은 가장 모험적인 선택이 가장 안전한 선택이 되기도 하는 인생의 예측불허한 체험을 누려 보라는 뜻으로 해석될 수 있다. 즉 인생에서 경험할 수 있는 하나님의 살아 계심을 최고로 극적으로 체험한 사람의 고백인 것이다.

떡을 물 위에 던지는 것은 낭비처럼 보인다. 물에 젖은 떡은 아무 쓸모없는 것이 아닌가! 떡은 먹으라고 있는 것이지 물에 버리라고 있는 것이 아니다. 그러므로 떡을 물 위에 던지라는 말씀은 되찾을 수 없어 보이는 일을 시도해 보라는 뜻이다. 또한 어떤 기간 동안 모든 것을 내려놓고 아무것도 가지지 않은 상태로 한번 살아 보라는 뜻이다. 얻고자 하는 자가 잃을 수 있고, 잃고자 하는 자가 얻을 수 있는 것이 인생이라는 뜻이다. 자신이 가진 것, 누리고 있는 것, 붙잡고 있는 것을 포기하면 꼭 죽을 것처럼 보이지만 오히려 그것을 내려놓음으로써 진정 살게 되고 복된 인생을 경험하게 될 수 있다는 뜻이다.

대부분의 사람들은 '주고받는'(give and take) 것을 삶의 원리로 삼는다. 나에게 당장 이득이 돌아올 것 같지 않은 곳에는 삶을 투자하지 않는다. 그러나 하나님과 동행하는 사람들은 마치 떡을 물 위에 던지는 듯한 희생을 두려워하지 않는다. 조건 없는 기부, 아낌없는 긍휼, 더 주지 못해서 미안해하는 마음 등으로 살아간다. 그들은 하나님의 원리가 '주고 또 주고'(give and give)라는 것을 안다.

그런데 하나님의 원리대로 주고 또 주는 삶을 살면 아

무엇도 얻을 것이 없는 것 같지만 언젠가 다시 돌아오는 보상이 있다. 하나님이 살아 계시기 때문이다. 떡이 떡으로 돌아오지 않더라도 다른 그 무엇으로 돌아오게 되어 있다.

고 하용조 목사님은 초기 한동대학교의 위기 상황 속에서 교회가 아무 조건 없이 많은 헌금을 드린 후에 성도들 앞에서 이런 고백을 하셨다.

"한동대학교를 도와준 만큼 우리의 마음이 더 커진 것입니다."

한동대학교를 도움으로써 도리어 많은 어려움을 겪기도 했지만 가장 큰 보상을 '마음이 넓어진 것'으로 해석하신 것이다.

인생이란 생각하지 못한 기쁨과 축복이 항상 기다리고 있는 모험이다. 익숙한 계산속에 '내가 무엇을 보상으로 얻을 것인가?'만을 따지며 살아가는 인생은 결코 살아 있는 말씀을 체험할 수 없다. 아무 보상도 돌아오지 않을 것 같은 대상에게 삶을 던질 때 말할 수 없이 큰 은혜가 돌아오는 삶을 경험할 수 있다.

당장 무엇인가 얻을 수 있는 곳에만 투자하지 말고,

아무런 보상이 없는 것처럼 보이는 곳에, 낭비처럼 보이는 곳에 투자해 보라. 이런 투자는 당장에 눈에 보이는 보상은 없다. 눈앞에서 떡이 물에 떠내려가기 때문이다. 그러나 인생에서 물 위에 떡을 던지는 듯한 모험을 해 보지 않은 사람은 그것을 도로 찾는 짜릿하고 감격적인 하나님 체험 또한 경험할 수 없을 것이다.

인생이란 하나님과 함께하는 모험이다. 내 계산과 경험에 갇힌 인생이 아니라 날마다 새로운 도전 속에 하나님의 살아 계심을 체험하는 여행이다. 전도서 기자가 경험한 이 놀라운 진리를 우리의 삶 속에서도 체험할 수 있기를 기도한다. 모험이 없으면 얻는 것도 없다(Nothing Ventured, Nothing Gained!)!

은혜를 갚았다고 생각하는 것이
은혜를 잊었다는 증거이다.

_ 블레즈 파스칼(Blaise Pascal)

은혜

카르마와 카리스마

사람들은 원인과 결과가 동일하지 않을 때 절망하고 힘들어한다. 그 배경에는 '카르마'(karma)라는 단어로 표현되는 생각의 상자가 있다. 불교권에서는 '업보'라고 한다. 카르마는 세상의 모든 일은 원인과 결과로 구성된다고 여긴다. 현재는 과거의 결과이며 미래의 원인이 된다. 모두 자기 하기에 달렸다. 고통과 불행은 이생에 원인이 없으면 전생에 잘못 뿌린 결과로 찾아온 것이며, 이생에서의 선행은 다음 생에서라도 좋은 결과로 돌아온다고 믿는다.

삶의 한 부분에서는 원인과 결과의 법칙이 분명히 작용한다. 성경에도 "무엇으로 심든지 그대로 거두리라"(갈라디아서 6:7)라는 말씀이 있다. 그러나 모든 것이 자신이 뿌린 대로 거두는 것이라는 생각은 옳지 않다. 인생에는 내가 뿌리지 않은 것도 거두고, 원인이 없는 일도 생긴다.

어부 베드로는 실망과 피곤 속에서 그물을 씻고 있었다. 카르마의 시각으로 보면 빈 그물은 그가 무엇인가 잘못했기 때문에 일어난 비극이었다. 그런데 사람들에게 말씀을 가르치시던 예수님이 베드로에게 "깊은 데로 가서 그물을 내려 고기를 잡으라"(누가복음 5:4)라고 말씀하셨다. 예수님의 말씀은 상황에 맞지 않았다. 모든 상황을 고려하면 베드로는 "못합니다"라고 거절했어야 했다. 그런데 그는 "말씀에 의지하여 내가 그물을 내리리이다"(누가복음 5:5)라고 말씀드리고는 그물을 내렸다. 베드로는 자신도 이해하기 힘든 결정을 내렸다. 예수님이라는 분을 다 알지는 못하지만 한번 믿어 보자고 결정했던 것이다.

그러자 그물이 찢어질 정도로 많은 고기가 잡혔다. 있을 수 없는 일이 일어난 것이었다. 베드로는 자신의 생각과 경험으로는 도저히 불가능한 기적을 체험하게 되었다. 그는 많은 고기가 잡힌 것에 놀라기보다 자신 앞에 서 계신 예수님이라는 분에 대해 놀랐다. 놀라운 기적 앞에 많은 고기라는 선물보다 그 선물을 주신 분을 '주님'으로 고백하고 자신은 '죄인'이라고 고백하게 되었다. 베드로의 생각의 틀이 깨어지는 순간이었다. 인과관계를 뛰어넘는 인생이 있다는 것을 깨닫게 되었던 것이다.

이러한 새로운 인생은 카르마라는 생각의 틀을 벗어나는 '카리스마'(charisma)로 시작된다. 카리스마는 '은혜로 주어진 선물'이라는 뜻의 헬라어이다.

인생이란 자신이 뿌리지 않고 선택하지 않은 것으로 시작하는 선물이다. 부모를 내가 선택하지 않았으며, 언제 어느 곳에서 태어날지 결정하고 태어나지도 않았다. 인생 자체가 선물로 주어진 것이다. 내 잘못으로 인한 고통도 있지만 내 잘못이 아닌 고통도 많이 있다. 삶을 선물로 보면 고통스러운 일도 선물이 될 수 있다. 진주는 조개가 모래알 같은 자극물에 의해 상처를 받을 때 상처를 아물게 하기 위해 반응하며 만들어진다. 조개의 상처가 진주의 아름다움을 낳는 것이다. 고통과 상처는 나쁜 업보 때문이 아니라 아름다움을 만들어 내는 선물이다.

죽음도 선물이다. 모든 사람이 싫어하고 두려워하는

죽음이 어떻게 선물이 될 수 있는가? 성경에서 죽음은 죄에 따른 대가이지만, 하나님은 죽음을 선물로 바꾸셨다. 사람이 죽지 않으면 타락한 상태에서 죄 가운데 영원히 살 것이기 때문에 죽음으로써 죄에서 온전히 벗어나 새롭게 영원한 삶을 시작할 수 있도록 하신 것이다.

베드로는 어느 날 예수님께 이렇게 질문했다.

"예수님, 제가 모든 것을 버리고 예수님을 따랐는데 제가 무엇을 얻을 수 있습니까?"

인생을 예수님께 투자했는데 자신에게 무엇이 돌아올지를 질문한 것이다(마태복음 19:27 참조). 베드로의 생각은 카르마라는 생각의 상자 속에 갇힌 많은 사람을 사로잡고 있는 조건적인 사고방식을 보여 준다. "내가 준 것이 있다면 또한 받아야 한다. 받은 것이 있다면 또한 주어야 한다"라는 것이다. 그것이 도덕이고 올바른 삶의 법칙이라고 생각한다. "세상에 공짜는 없다"라는 말을 신념으로 삼는다.

정반대로 내가 할 도리를 해야 다른 사람으로부터도 무엇인가를 받을 수 있다고 생각한다. 받은 것에 대해 감사를 표시하는 것이 잘못되었다는 뜻은 아니다. 모든 삶을 주고받는 조건적인 관계로만 생각하는 것이 문제라는 뜻이다.

이러한 생각과 전혀 다른 새로운 길이 바로 '은혜'(grace)이다. 은혜란 '주고받고'(give and take)가 아니라 '주고 또 주고'(give and give)이다. 사람들은 하나님을 만날 때도 주고받으려고 한다. 보험을 드는 것처럼 신에게 많은 것을 드려야 신도 자신에게 많은 것을 준다고 믿는다. 그런 신은 진정한 신이 아니다. 진정한 신은 우리와 주고받는 방식으로 만나시지 않는다. 우리가 하나님께 아무리 많은 것을 드려도 하나님은 여전히 우리에게 주시는 분이다. 주고 또 주시는 분이다.

성경은 카리스마 이야기이다. 하나님의 카리스마가 세상의 카르마의 순환을 끊는 이야기이다. 값없이 주시는 카리스마가 조건적인 세상의 카르마의 법칙을 변화시키는 이야기이다. 그래서 세상의 사고방식으로 보면 말도 안 되는 것처럼 보이는 이야기들이 많이 나온다.

예수님은 당시 사람들로부터 죄인으로 정죄받고 비난받는 사람들과 교제하시면서 그들을 변화시키셨다. 부활하신 예수님은 자신을 부인하고 배신한 제자들을 찾아가시고 그들에게 더 큰 책임을 맡겨 주셨다. 주고 또 주시는 은혜를 베푸신 것이다. 예수님이 십자가에서 죽으신 것은 그분의 죄 때문에 죽으신 카르마가 아니었다. 죽으셔서는 안 되는, 죽으실 필요가 없는 분이 우리를 살리기 위해서 죽으신 카리스마였다.

우리의 책임은 카리스마로 카르마에 사로잡힌 영혼들을 구원해 내는 일이다. 그러기 위해서는 모든 성도가 카리스마의 세계관 속에서 그 축복을 먼저 경험해야 할 것이다.

리더가 스스로 고통을 짊어지려 하지 않으면
따르는 사람들이 고통스러워하게 된다.

_ 리처드 모우(Richard Mouw)

선
택

자유란
무엇인가

자유를 나타내는 가장 대표적인 상징은 역시 하늘을 나는 새이다. 그런데 새장에 오래 갇혀 있던 새는 새장 문을 열어 놓아도 날아가지 못한다고 한다. 자신이 날 수 있는 날개를 가졌다는 것을 잊어버렸기 때문이다. 혹시 우리도 자유를 누릴 수 있음에도 자유를 누리지 못하고 있는 것은 아닐까?

"자유란 무엇인가?"라는 질문에 대한 가장 평범한 답은 "자신이 하고 싶은 일을 하는 것"이다. 틀린 답은 아니지만 정확한 답은 아니다. 자신이 하고 싶은 일을 하는 것은 자유가 맞지만, 하고 싶은 일만 하는 자유는 결국 하고 싶은 일을 할 자유를 잃어버리게 할 수 있다.

존재하는 모든 것에는 목적이 있고, 그 목적을 이루기 위한 한계와 규칙이 주어진다. 우리는 그 한계와 규칙을 지킬 때만 자유롭다. 그러므로 자유란 하고 싶은 일을 하는 것만이 아니라 해야 하는 일을 하는 것이다. 진정한 자유는 해야 하는 일을 하고 싶어 할 때 얻어지는 것이다.

인간에게 자유란 무엇인가? 그것은 인간이 창조된 목적대로 사는 것이다. 인간이 창조될 때 주어진 목적을 이루기 위해 주어진 한계 속에서 사는 것이다. 그렇다면 인간에게 주어진 한계란 무엇인가? 인간은 하나님이 창조하신 피조물이라는 것이다. 피조물인 인간은 창조주이신 하나님을 의지하고 순종하며 살 때만 자유로울 수 있다.

하나님은 최초의 인간인 아담과 하와에게 자유와 함께 한계를 주셨다. 에덴동산에 있는 모든 나무의 열매는 마음대로 먹을 수 있는 자유를 주셨지만, 동산 중앙에 있는 한 나무의 열매는 먹지 못하도록 금지하셨다. 금지 명령은 인간을 억압하려는 것이 아니라 인간이 자유를 계속 누릴 수 있게 하시려는 목적으로 주어진 것이었다. 인간은 그 한계를 지키는 한 자유로울 수 있었다.

그런데 아담과 하와는 자유를 누리게 해 주는 한계를 거부했다. 자신들에게 에덴동산의 모든 나무의 열매를 마음대로 먹을 수 있는 자유, 모든 생물을 마음대로 다스릴 수 있는 자유가 있음에도 불구하고, 자신들을 제한하고 있는 한 가지 규칙이 존재한다는 점에 마음이 불편했다. 그들은 이렇게 생각했다.

'이 규칙이 존재하는 한 우리는 결코 자유롭지 못하다. 우리가 만일 자유인이라면 이 규칙으로부터도 자유로워야 한다. 우리가 하고 싶은 대로 할 수 있어야 한다.'

그들에게는 분명 그렇게 선택할 수 있는 자유가 있었다. 하나님이 자유의지를 가진 존재로 창조하셨기 때문이다. 하나님은 자신이 인간에게 정해 준 규칙을 깨뜨릴 수 있는 사유까지도 인간에게 주셨다. 인간은 그 규칙을 깨뜨려야 진정한 자유인이 된다고 생각했다. 그러나 인간이 알지 못한 것은 자유를 잘못 선택할 경우 선택할 자유를 잃어버린다는 것이었다. 그들은 하나님이 정하신 규칙을 깨뜨리면 자유인이 될 것이라고 생각했으나 오히려 종이 되었다. 예수님은 이러한 인간의 모습에 대해 "죄를 범하는 자마다 죄의 종이라"(요한복음 8:34)라고 설명하셨다.

자유민주주의 국가에서 정치적 자유만 누리고 살면

진정 자유롭게 살고 있다고 말할 수 있는가? 사람들이 정치적 자유 아래서 자유의 이름으로 행하는 일들을 보라. 정치적 자유는 인간이 얼마나 본능의 종이 되어 있는가를 보여 줄 뿐이다. 표현과 출판의 자유라는 이름으로 온갖 성적으로 음란한 문화를 만들어 낸다. 인권과 자유라는 이름으로 성의 기본적인 구별과 제한조차 무너뜨려 창조 질서를 혼란하게 한다. 몸은 자유로울지 몰라도 마음은 많은 것에 얽매여 있다. 불안과 두려움, 탐욕, 경쟁심에 사로잡혀 있다.

에리히 프롬이라는 독일의 사회심리학자는 《자유로부터의 도피》(Escape from freedom)에서 사람들이 얼마나 자유를 잃어버리고 자유로부터 도망하며 살고 있는가를 지적한다. 과거 중세 시대에는 개인의 자유를 거의 찾아볼 수 없었다. 정해진 신분으로 태어나 그 신분으로 평생 살다 죽어야 했다. 르네상스 시대를 거쳐 자유로운 시대가 도래했지만 사람들은 자유를 누릴 수 있는 능력이 없었다. 오히려 자유로부터 도피했다. 그래서 근대 역사에 여러 독재자들이 출현하고, 사람들은 그들에게 로보트처럼 순응하는 모습이 나타났다는 것이다. 정치적 자유가 주어졌지만 중세 시대처럼 스스로를 종으로 만들며 살아간 것이다.

현대 사회 역시 온갖 중독과 문화에 자신을 종으로 내어 주며 또 다른 형태로 자유를 누리지 못하고 있다. 그 이유는 인간이 진정한 자유를 누릴 수 있는 가장 기본적이고 중요한 한계를 벗어났기 때문이다. 그 한계는 바로 창조주 하나님이다. 창조주 하나님을 떠나 죄의 종이 되었기 때문이다. 창조주 하나님을 거부하는 것이 자유인 줄 알았지만 그 결과 진정한 자유를 잃어버린 것이다. '~으로부터(from) 벗어나는 것'만 자유로 알았기 때문이다. 진정한 자유란 '…으로부터 벗어나는 자유'만이 아니라 '~을 향한(to) 자유'이다. 하고 싶은 대로 하는 것만이 아니라 해야 할 일을 하는 것이다. 인간이 창조된 목적대로 하나님을 사랑하며 사는 것이 자유이다.

진정 자유를 누리며 살고 있는지 알려면 '어떤 것을 할 수 있는가?'가 아니라 '어떤 것을 멈출 수 있는가?'를 보면 된다. '어떤 것을 차지할 수 있는가?'가 아니라 '어떤 것을 포기할 수 있는가?'를 보면 된다. 만일 스스로의 선택으로 멈출 수 없고, 포기할 수 없다면 자유인이 아니라 종이 되어 있는 것이다. 해야 할 일을 하기 위해서 하고 싶은 일을 포기할 수 없다면 자유인이 아니다.

예수님은 죄의 종 된 상태에서 자유로워질 수 있는 길을 이렇게 말씀하셨다.

"진리를 알지니 진리가 너희를 자유롭게 하리라"(요한복음 8:32).

예수님은 자유를 잃어버린 인간이 다시 자유를 얻을 수 있는 길을 말씀하셨다. 그것은 진리를 알고 진리에 순종하는 것이다.

100명 중 1명은 성경을 읽고,
나머지 99명은 그리스도인을 읽는다.

_ D. L. 무디(Dwight Lyman Moody)

지향

낮은 곳,
더 낮은 곳으로

물이 언제나 낮은 곳으로 흐르듯이 하나님의 은혜는 언제나 낮은 곳으로 흐른다. 물이 낮은 곳이라며 머무르지 않고 더 낮은 곳을 찾아 흐르듯이 하나님의 은혜는 머무르지 않고 더 낮은 곳으로 계속해서 흐른다. 하나님의 은혜 안에 사는 성도들은 은혜의 물줄기가 되어 머무름 없이 낮은 곳, 더 낮은 곳으로 흘러가는 사람들이다.

'낮은 곳으로'라는 말은 오늘 이 시대의 많은 사람 안에 있는 본능적이고 보편적인 세 가지 흐름을 거스른다.

하나님 나라를 거스르는 세상의 첫 번째 흐름은 높은 곳을 향하는 마음이다. 우리가 '낮은 곳으로'라고 할 때 오해하지 말아야 할 것이 있다. 우리가 높은 곳에 있는 사람들이니 낮은 곳에 있는 사람들에게 나아가야 한다고 생각하는 것이다. 잘못된 출발점이다. 낮은 곳이란 우리가 원래 있어야 할 자리이다. 겸손이란 높은 곳에 있어야 할 사람이 낮은 곳으로 '가 주는' 것이 아니라 원래 자신이 있어야 할 자리로 스스로 가는 것이다. 인간은 모두 하늘 아래 낮은 곳에 사는 사람들이다.

낮은 곳은 겸손의 자리이다. C. S. 루이스는 "밑만 쳐다보는 사람은 위에 계신 분이 누구이신지 볼 수 없다"라고 말했다. 우리가 아무리 똑똑해도 아는 것보다 모르는 것이 더 많고, 우리가 아무리 능력 있어도 할 수 있는 일보다 할 수 없는 일이 더 많다. 우리는 모두 하나님 아래 낮은 곳에 있어야 하는 사람들이다.

'겸손'을 의미하는 영어 단어 'humility'와 '굴욕'을 의미하는 영어 단어 'humiliation'은 같은 라틴어 'humilitas'에서 나왔다. 같은 단어에서 겸손과 굴욕이라는 단어가 나온 것이다. 둘의 차이가 무엇인가? 자신이 원래 있어야 할 자리에 스스로 나아가면 겸손이 되고, 자신이 원래 있어야 할 자리에 스스로 나아가지 않아 수치스럽게 억지로 나아가면 굴욕이 되는 것이다. 예수님은 말할 수 없는 굴욕을 당하셨지만 원하지 않는 일을 당하신 것이 아니라 스스로 그 자리로 나아가셨기 때문에 겸손으로 승리하신 것이다. 고난이 깊을수록 예수님의 겸손은 더 밝게 빛났다.

마태복음 18장에서 예수님은 어린아이처럼 자신을 낮추는 사람이 하늘나라에서 큰 자라고 말씀하셨다(마 18:4 참조). 어린아이처럼 자신을 낮춘다는 말이 무슨 의미인가? 어린아이는 자기를 높이는 권력에 낯설다. 다른 사람을 조종하고 조작해 술책을 부리는 일을 잘 모른다. 어린아이는 다른 사람에 대해 편견을 가지고 대하지 않는다. 낯선 사람들에게도 친절하다.

누구든지 자신이 마땅히 있어야 할 자리가 아니라 스스로 높이면 굴욕을 당하는 낮아짐을 경험하게 될 것이고, 자신이 마땅히 있어야 할 자리로 겸손하게 낮아지면 하나님이 귀하게 높여 주실 것이다.

하나님 나라를 거스르는 세상의 두 번째 흐름은 자신과 다른 사람을 차별해 분열하는 것이다. 우리가 이러한 세상의 분열의 흐름을 거스를 수 있는 길은 서로가 낮은 곳으로 나아가는 것이다. 낮은 곳은 하나 되는 자리이다.

빌립보 성도들은 그리스도인으로서 기본적인 성품과

자질을 갖춘 사람들이었다. 그들에게는 그리스도 안에서의 권면과 하나님의 사랑의 위로와 성령의 교제가 있었다. 그리스도의 공동체를 이루기 위한 기초는 되어 있었다. 그러나 바울은 더욱 온전한 공동체를 꿈꾸었다. 그것은 바로 서로 하나 된 모습이었다. 그래서 낮은 마음으로 "자기보다 남을 낫게 여기고"(빌립보서 2:3)라고 권면했다.

모든 분열 안에는 이기심과 허영심이 들어 있다. 자신이 높아지려는 교만이 있다. 자기보다 다른 사람을 낮게 여기는 것은 자신이 낮은 곳으로 향한다는 뜻이다. 모든 물이 낮은 곳에서 서로 만나 하나 되는 것처럼 서로 낮은 곳으로 향할 때 모든 마음이 하나 될 수 있다.

세상에는 다른 사람을 만날 때 꼬리표를 붙여서 분류하고, 그 분류 상자별로 사람들을 차별하는 흐름이 있다. 우리가 낮은 곳으로 나아가기 원한다면 분류 상자에 준해서 다른 사람을 상대하는 것이 아니라 동일하게 대할 수 있어야 한다.

하나님 나라를 거스르는 세상의 세 번째 흐름은 기득권을 가지고 섬김을 받으려는 것이다. 우리는 이러한 흐름을 거슬러 자신의 기득권을 내려놓고 섬김의 자리, 더 낮은 곳으로 나아가야 한다. 낮은 곳이란 섬김의 자리이다.

그리스도인이 세상의 흐름을 거스르고 하나님 나라의 백성으로 사는 길은 그리스도 예수의 마음을 품는 것밖에 없다. 예수님은 하나님의 본체이시나 하나님과 동등한 모든 권리를 내려놓고 사람이 되어 낮은 곳으로 내려오셨다. 뿐만 아니라 사람들 중에서도 가장 낮은 종의 모습으로 더 낮은 곳으로 내려오셨다. 또한 더 낮은 곳으로 내려오셔서 죽기까지 순종하셨다(빌립보서 2:6-8 참조).

그리스도의 마음은 낮은 곳, 더 낮은 곳으로 내려가는 마음이다. 가장 낮은 곳으로 내려가면 십자가의 희생이 있다. 그보다 더 낮은 곳은 없다. 우리가 더 낮은 곳으로 내려가려 할 때 걸림돌은 바로 자신의 기득권이다. 기득권을 자신의 성공의 상징으로 사용할 것인가, 아니면 섬김의 기회로 사용할 것인가? 기득권을 어떻게 적용하고 실천해야 할지는 우리 모두의 과제이다.

닳아서 낡은 성경책을 소유한 사람은
결코 무너져 내리지 않는다.

_ 찰스 스펄전(Charles Spurgeon)

영 혼

희망은
나이 들지
않는다

하버드 대학교의 앨런 랭어라는 사회심리학자는 혁신적인 심리 실험인 '시계 거꾸로 돌리기 연구'(Counterclockwise study)를 통해서 노화에 대한 인간의 고정관념을 깨뜨렸다. 이 실험은 1979년 외딴 시골 마을에서 70-80대 노인들을 대상으로 실시되었는데, 이들을 20년 전인 1959년의 환경 속으로 되돌려 놓았을 때 마음의 변화가 몸에도 나타나는지를 연구한 것이다. EBS 방송국에서 이를 적용해 "황혼의 반란"이라는 제목의 프로그램을 제작하기도 했는데, 동일한 결과가 나왔다.

결론은 몸에 긍정적인 변화가 나타났다는 것이다. 기억력과 언어 능력이 좋아지고, 스트레스가 없어지고, 운동 능력이 좋아졌다. 실제로 몸이 젊어졌다. 이 실험을 통해 몸과 마음은 아주 밀접하게 연결되어 있다는 것을 증명할 수 있었다.

그런데 만일 이 실험을 과거가 아니라 미래에 적용해 보면 어떤 일이 일어날까? 마음의 시계를 과거 몇십 년 전이 아니라 미래와 영원에 고정시켜 놓고 산다면 말이다. 아마도 과거와는 비교할 수 없는 놀라운 일이 일어날 것이다.

우리는 결코 가는 시간을 막을 수 없다. 50년 전, 100년 전으로 계속 시간을 되돌리며 실험 속에 살아도 시간을 완전히 되돌릴 수는 없다. 그런데 가는 시간에 이끌리지 않고 시간을 앞서 나간다면 어떻게 되겠는가? 성경은 마음의 시계를 미래로 앞서 돌리되 영원에 맞추고 살라고 말한다. 이것이 바로 참된 희망이다.

인간의 영혼에는 희망이 절대적으로 필요하다. 하나님이 미래를 희망해야만 살 수 있는 존재로 인간을 창조하셨기 때문이다. 희망을 잃어버린 사람은 죽음을 생각하게 된다. 덴마크의 철학자 쇠렌 키르케고르는 절망이 "죽음에 이르는 병"이라고 말했다. 사실 살아 있는 사람 중에 이 병에 걸리지 않은 사람은 아무도 없다. 완벽하게 건강한 사람은 단 한 사람도 없듯이 살아 있는 사람은 누구나 조금이라도 절망하고 있기 때문이다.

인간은 너무나 쉽게 절망한다. 엄청난 대재난 앞에서만 절망하는 것이 아니라 아주 사소한 문제 앞에서도 절망한다. 인간은 강해 보이지만 너무나 연약하다. 절망에서 벗어나려고 하지 않고 머물러 있으려고 한다.

인간의 절망은 하나님을 떠났기 때문에 찾아온 것이다. 태양을 거부한 식물은 죽을 수밖에 없다. 물론 태양을 보지 않는다고 식물이 갑자기 죽지는 않는다. 그러나 서서히 죽어 간다. 뿌리를 자른 나무는 갑자기 시들지 않는다. 그러나 서서히 시들어 간다. 하나님을 인정하지 않는다고 갑자기 무슨 일이 일어나지는 않는다. 그러나 서서히 시들고 죽어 가는 식물처럼 죽음에 이르게 하는 절망에 사로잡히게 된다.

어느 대학의 심리학과에서 다음과 같은 실험을 했다고 한다. 두 개의 큰 물통에 물을 가득 채우고 몸집이 비슷한 쥐를 한 마리씩 집어넣었다. 두 물통의 차이점은 하나는 뚜껑이 닫혀 있고, 다른 하나는 열려 있다는 것이었다. 물통에 빠진 두 마리 쥐는 본능적으로 헤엄치기 시작했다. 그런데 뚜껑이 닫힌 물통에 빠진 쥐는 탈출구가 보이지 않자 쉽게 포기했다. 금세 헤엄치는 것을 중단하고 4분이 채 못 되어 바닥에 가라앉아 죽었다. 그런데 뚜껑이 열린 물통에 빠진 쥐는 36시간이나 쉬지 않고 헤엄쳐 실험이 끝날 때까지 살아 있었다고 한다. 절망한 쥐는 곧 죽었고, 희망을 버리지 않은 쥐는 살았다. 흔히 "살아 있는 한 희망이 있다"라고 말하는데, 더 정확한 말은 "희망이 있어야 살 수 있다"이다.

우리는 다른 사람에게 희망을 주려고 할 때 진실을 감춘 채 희망만을 말할 때가 있다. 진실을 말해 주면 희망을 잃어버릴 것이라고 생각하기 때문이다. 다른 사람을 진실하게 대하면서 동시에 희망을 주기란 우리에게 매우 어려운 일이다. 그러나 예수님은 사람들에게 언제나 진실을 말씀해 주셨다. 죄 가운데 죽어 가는 인간의 진실을 말씀하셨다. 그런데 동시에 희망을 가지게 하셨다. 예수님은 진실을 담은 희망을 전해 주신 것이다.

예수님은 인간의 고통을 외면한 희망을 말씀하지 않으셨다. 그분은 인간의 모든 고통과 아픔을 체험하셨다. 그러나 그 고난은 예수님 안에 있는 희망을 결코 무너뜨리지 못했다. 예수님의 마음은 언제나 희망으로 가득 차 있었다.

제자들은 예수님이 죽으셨을 때 절망했다. 그분의 고난과 죽음을 이해하지 못했기 때문이다. 십자가의 죽음은 세상의 모든 절망을 다 죽인 죽음이다. 죽음을 죽인 죽음이다. 절망을 희망으로 바꾼 죽음이다. 예수님은 역사상 가장 절망스러운 순간에 최고의 희망을 말씀하셨다. 고난과 모욕을 받고 십자가에 못 박혀 죽지만 사흘 만에 다시 살아날 것이라는 희망의 말씀이 바로 그것이다.

무엇이 우리의 희망을 가로막고 있는가? 뜻밖에 만나는 불행한 사건이나 환경이 아니다. 희망을 가로막는 적은 바로 우리 안에 있는 죄이다. 진실을 인정하지 않는 불신앙이다. 그러나 예수 그리스도를 믿는 사람들은 희망 가운데 살아간다. 우리를 절망하게 하는 모든 죄를 예수님이 십자가에서 처리하시고 다시 살아나셨기 때문이다. 예수님이 다시 살아나시지 않았다면 우리에게는 희망이 없다. 우리의 인생이 죽음으로 끝난다면 우리는 절망할 수밖에 없다. 십자가는 절망의 죽음이요, 부활은 희망의 살아남이다.

하나님은 때로 우리를 절망에 빠뜨리는 고난을 허락

하시지만 그분의 결론은 언제나 희망이다. 하나님은 언제나 희망의 하나님이시다. 어려운 고난 속에 있는 모든 성도가 마음의 시계를 영원에 고정시킴으로 고난을 이기고 승리하는 믿음의 삶을 누리기를 기도한다.

인생이란 앞을 향해 있지만
뒤늦게 깨닫게 되는 법이다.

_ 쇠렌 키르케고르(Sören Aabye Kierkegaard)

통 합

오래된 노래,
새로운 노래

미국 뉴저지에서 목회할 때의 일이다. 세계적인 음악가 정트리오(정경화, 정명화, 정명훈)의 어머니로, 2011년 작고하신 이원숙 여사를 만난 적이 있다. 당시 그분은 뉴욕 맨해튼 아파트에서 딸의 극진한 사랑과 돌봄 속에 요양 중이셨다. 어머니에 대한 정경화 교수의 사랑은 놀라웠다. 어머니를 직접 모시며 섬기는 모습은 세계적인 음악가의 이면에 감추어진 감동적인 효녀의 모습이었다.

필자가 두 분을 찾아갔을 때 정 교수의 어머니는 건강이 좋지 않아 누워 계신 상태였다. 그 앞에서 예배를 드리기 위해 찬송가를 폈다. 순간, 어머니가 눈을 뜨시더니 이렇게 말씀하셨다.

"오래된 노래를 부르지 말고, 새로운 노래를 불러 주세요."

당황스러웠다. 목회자로 예배를 인도하면서 그런 요

청은 처음 받았기 때문이다. 그뿐만 아니었다. 그분의 요청은 다른 연세가 많은 분들과 달랐다. 당시 목회 경험으로는, 나이가 많을수록 오랫동안 불러 온 익숙한 노래를 좋아하기 마련이었다. 노환으로 투병 중인 성도를 위로하기 위해 심방 예배를 드릴 때는 그분의 오랜 체험 속에 녹아든 옛 찬송가를 선택하기도 했다. 혹은 듣고 싶거나 부르고 싶은 찬송가를 당사자에게 물어볼 때도 있었다.

옆에 있던 정 교수가 놀란 표정을 보았던지 "어머니, 목사님이 진행하시는 대로 따르시지요?"라고 말했다. 하지만 어머니는 대납 없이 눈을 감고만 계셨다. 그래서 "왜 그런 요청을 하십니까?"라고 질문을 할 겨를도 없이 머릿속에 암송하고 있던 찬송가를 불렀다. 젊은이들이 좋아해 어르신이 모르실 것 같은 노래였다. 예상대로 모녀가 모두 몰라 혼자 부를 수밖에 없었다.

시간이 지나도 그분의 말씀은 여전히 놀라운 기억으로 남아 있다. 세 자녀를 세계적인 음악가로 키운 어머니의 비결을 그 한마디에서 느꼈다. 그것은 새로움에 대한 도전이다. 익숙한 것과의 과감한 결별이다. 늘 익숙한 문화에 젖어 과거를 지켜 가는 것이 아니라 자신이 한 번도 경험하지 못한 문화에 자신을 내던지는 모험이다.

어르신들이 지나치게 보수적으로 되는 것은 익숙한 것에 대한 그리움 때문일 수 있고, 젊은이들이 진보적으로 되는 것은 새로운 것에 대한 동경 때문이기도 하다. "새로운 노래를 불러 주세요"라는 노모의 말에서 필자는 과거와 미래를 하나로 통합하는 현재를 발견했다. 어르신들은 새로운 미래를 받아들이는 모험을 즐기고, 젊은이들은 과거의 역사를 통해 교훈을 얻으려고 노력할 때 사회가 아름답게 통합될 수 있지 않을까? 목회 과정에서 건강한 가정을 방문하면 늘 발견하는 공통점이 있다. 어르신들은 젊은이들의 선택을 존중하고, 젊은이들은 부모 세대의 말을 경청하는 가풍이다.

그날 만남 이후 꿈을 꾸게 되었다. 이 땅의 어르신들은 당신들은 잘 모르지만 젊은이들이 좋아하는 노래를 함께 부르며 미래를 향해 도전하고, 젊은이들은 어르신들을 존경하며 역사로부터 배우기 위해 귀 기울이는 대한민국을.

오래된 노래를 부르지 말고,
새로운 노래를 불러 주세요.

_ 이원숙

용
서

화해는
하나님의 얼굴

성경에서 가장 아름다운 장면 중 하나는 에서와 야곱이 화해하는 모습이다. 야곱은 형 에서가 자신을 해할까 두려워 도망 계획도 세우고 하나님께 살려 달라고 기도도 했다. 그런데 야곱이 얍복 나루터에서 하나님을 만나 허벅지 관절이 어긋나는 영적 경험을 한 후에 하나님은 형제 사이에 화해를 선물하셨다.

창세기는 에서와 야곱 사이에 극적 화해가 어떻게 가능했는지 자세히 설명하지 않는다고 하지만 야곱이 '이스라엘'로 변한 얍복 나루터 체험과 관련 있는 것은 분명하다. 주목할 것은 야곱이 자신을 용서하고 받아들인 에서에게 한 고백이다.

"내가 형님의 얼굴을 뵈온즉 하나님의 얼굴을 본 것 같사오며"(창세기 33:10).

참된 화해는 사람끼리의 화해가 아니라 그 화해 속에 하나님의 얼굴이 나타나는 화해이다. 잘해 보자고 악수하는 것은 화해가 아니다. 하나님의 얼굴이 나타나야 한다.

화해는 실로 어려운 것이다. 화해에는 진실을 인정하는 용기와 치러야 할 대가를 감당하는 담대함이 요구되기 때문이다. 진정한 화해란 정의가 함께 실현되는 것이다. 값싼 화해란 존재하지 않는다. 용서는 정의가 해결되지 않아도 할 수 있다. 문제가 해결되지 않고 감정이 풀리지 않아도 용서할 수 있다. 그러나 화해는 거기서 더 앞으로 나아가는 것이다.

화해에는 반드시 용서가 있어야 하지만 용서했다고 해서 화해가 이루어졌다고 말할 수는 없다. 용서는 혼자 할 수 있지만 화해는 혼자 할 수 없다. 용서는 만나지 않고도 할 수 있지만 화해는 반드시 만나야 이루어진다. 용서는 정서적으로 하는 것이지만 화해는 행동으로 하는 것이다.

어느 작가는 용서와 화해의 차이를 비교하면서 이렇게 말했다. 용서는 높은 산의 긴 등산로 중간쯤에서 들려오는 폭포 소리와 같다. 한 발 두 발 걷다 보면 땀이 나고, 목마르고, 힘이 빠지지만 시원하게 내려오는 폭포 소리를 들으면 아직 갈 길이 멀어도 정상을 기대할 수 있다. 화해는 마침내 산 정상에 있는 호수에 발을 담그는 것이다. 호수에 발을 담그고 맑고 시원한 물을 마시며 아름다운 경치를 구경하는 것이다.

이스라엘의 텔아비브에 사는 엘론이라는 한 유태인 그리스도인에게 일어난 이야기이다. 어느 날 밤 그는 차를 몰고 팔레스타인 지역을 지나고 있었다. 무슬림들이 사는 지역을 지날 때 한 청각 장애를 가진 아이가 그의 차 앞으로 갑자기 튀어나왔다. 엘론의 차는 아이를 치고 말았고, 아이는 그 자리에서 쓰러졌다. 그리고 숨이 멎었다.

텔아비브는 유태인들을 증오하는 팔레스타인 지역이다. 피해자의 가족과 친구들이 당장 잔인한 보복을 할 것이 분명했다. 그러나 엘론은 그냥 달아날 수 없었다. 얼른 차에서 내려 이미 숨이 끊긴 아이를 안고 마을 사람들이 아이를 거두어 가기를 울면서 기다렸다. 마을 전체는 충격과 슬픔에 휩싸였다. 동시에 그들은 유태인 가해자가 멈추어 서서 아이를 안고 기다리고 있다는 사실에 더욱 놀랐다. 얼마나 놀랐던지 즉각적으로 보복할 수도 없었다.

그들은 엘론에게 정해진 날짜에 마을에 와서 이슬람

법정에 서라고 했다. 그러나 사실 그 누구도 엘론이 돌아오리라 생각하지 않았기 때문에 사실상 풀어 준 것이나 다름없었다. 그것은 엄청난 은혜를 베푼 것이었다. 단지 그들의 법과 체면 때문에 형식적인 법 집행 절차를 밟은 것뿐이었다.

법정에 설 날짜가 다가오자 엘론은 고민이 되었다. 친구들은 하나님이 풀어 주신 것이니 은혜로 알고 감사하며 법정에 나가지 말라고 조언했다. 그러나 그는 주님이 자신에게 이슬람 마을로 돌아가서 재판을 받으라고 말씀하시는 것을 느꼈다. 그래서 마을로 돌아가 법정에 섰다. 마을 사람들은 기대하지 않았던 그가 나타나자 또다시 놀랄 수밖에 없었다. 그러나 법에 따른 정의는 집행되어야 했고, 이슬람 판사는 판결을 내렸다.

그는 살인죄목으로 유죄 판결을 받았다. 그러나 그에게 내려진 선고는 죽은 아이의 가정에 가족으로 입양되어야 한다는 것이었다. 마을을 지나갈 때마다 가족을 방문하고 함께 식사를 해야 한다는 선고가 내려졌다.

얼마나 감동적인 화해의 사건인가. 전쟁의 기운이 감도는 땅에서 예수님 가정에 입양된 유태인이 이제 무슨 림 가정에도 입양된 것이다. 이 사건 안에서 정의와 용서와 화해가 모두 이루어졌다.

화해의 사건에서 하나님은 먼저 하나님의 사람에게 변화를 요구하신다. 에서와 야곱의 화해 이전에 야곱의 허벅지 관절을 어긋나게 하셨듯이 말이다. 믿지 않는 사람과 믿는 사람이 서로 화해해야 할 일이 생겼다면 하나님은 누구에게 먼저 변화를 요구하시는가? 믿는 사람이다. 믿는 사람과 믿는 사람이 화해해야 할 일이 생겼다면 하나님은 누구에게 먼저 변화를 요구하시는가? 더 잘 믿는 사람이다.

우리에게 있어서 화해란 가장 어려운 숙제이다. 그리스도인들이 가장 못하는 것이 화해이다. 어느 대법관 출신의 변호사에게 들은 이야기이다. 신자들끼리의 분쟁이 대법원까지 올라왔는데 판결을 맡은 대법관이 불교 신자였다. 불교 신자가 볼 때 서로 화해하면 간단히 해결될 일이었는데 대법원까지 올라온 것을 보고 놀랐다고 한다. 그래서 두 사람을 불러다가 이렇게 이야기했다.

"제가 듣기로는 교회 다니는 사람들끼리는 절대로 화

해하지 않는다고 하니 어디 한번 끝까지 열심히 싸워 봅시다."

순간 두 사람은 큰 충격을 받았고, 그 즉시 화해하고 문제를 해결했다고 한다.

오늘 한국 교회에 화해가 일어나기를 소원한다. 화해에 필요한 대가를 지불하는 것을 두려워하지 않고, 용서를 구하고 화해의 자리로 나아올 수 있기를 기대한다. 때로 우리가 다른 사람의 얼굴을 쳐다보지도 않고 있을 때 하나님의 얼굴이 가려져 있는 듯한 상태에 이를 수 있다. 사람을 사랑하는 것과 하나님을 사랑하는 것은 서로 연결되어 있기 때문이다.

"어느 때나 하나님을 본 사람이 없으되 만일 우리가 서로 사랑하면 하나님이 우리 안에 거하시고 그의 사랑이 우리 안에 온전히 이루어지느니라"(요한일서 4:12).

우리 중 누구도 하나님의 얼굴을 본 사람이 없다. 그런데 하나님의 얼굴을 볼 수 있는 길이 있다. 서로 사랑하는 것이다. 서로 사랑하면 서로의 모습 속에서 하나님의 얼굴을 볼 수 있다. 진정한 화해는 서로의 얼굴에서 하나님의 얼굴을 발견하는 것이다.

하나님이 주신 사랑의 선물, 곧 복음에는
사랑스럽지 않은 것을 사랑하게 하는 힘이 있다.

_ C. S. 루이스(Clive Staples Lewis)

비
교

먼저 된 자 나중 되고,
나중 된 자 먼저 되리라

"먼저 된 자로서 나중 되고 나중 된 자로서 먼저 될 자가 많으니라"(마태복음 19:30)라는 말씀은 교회에 오래 출석한 성도들이 마음속으로 거부하는 구절로 알려져 있다. 자신보다 늦게 믿은 성도가 먼저 임직을 받고 리더십을 맡는 것이 불편한 성도들이 이 구절을 보며 상처받기 때문이라고 한다. 그런데 실제로 이 말씀의 진의는 일어나지 말아야 할 일이 일어났기 때문에 생긴 역설이다.

이 말씀은 베드로의 질문에 대한 예수님의 대답이다. 베드로는 이렇게 질문했다.

"보소서 우리가 모든 것을 버리고 주를 따랐사온대 그런즉 우리가 무엇을 얻으리이까"(마태복음 19:27).

이에 예수님은 베드로와 제자들에게 "너희도 열두 보좌에 앉아 이스라엘 열두 지파를 심판하리라"라고 말씀하셨고, 주를 위해 잃는 것을 견디는 자에게는 여러

배를 주시고 영생을 상속하게 될 것이라고 하셨다(마태복음 19:29 참조).

그런데 예수님은 질문한 베드로의 마음속 동기를 알고 계셨다. 이 질문은 모든 인간 속에 있는 종교적 심리를 보여 준다. 선천적으로 우리는 종교적이다. 종교는 천국을 얻기 위해서는 우리가 무엇인가를 해야 한다고 가르친다. 그러나 성경은 천국이 우리의 노력이나 헌신에 대한 대가로 주어지는 것이라고 가르치지 않는다. 그것은 성경에서 말하는 진정한 천국이 아니다.

베드로는 아직 천국의 비밀과 원리를 깨닫지 못했고, 일반적인 종교적 사고만 했을 뿐이다. 특별히 유대인으로서 그는 어쩔 수 없이 보상을 중요하게 생각하는 유대인의 선천적인 사고방식에 갇혀 있었다. 예수님을 따르기 위해 자신들이 헌신한 것에 대한 합당한 보상이 있어야 한다고 기대했던 것이다. 그러한 마음을 가진 베드로에게 예수님은 말씀하셨다.

"그러나 먼저 된 자로서 나중 되고 나중 된 자로서 먼저 될 자가 많으니라"(마태복음 19:30).

예수님을 위해 모든 것을 헌신한 제자들은 먼저 된 자

들이다. 그리고 헌신한 자들에게 주어지는 축복과 영광은 분명히 존재한다. 그러나 그 헌신의 대가로 무엇을 얻을 수 있는가에만 초점을 맞추게 되면 나중 된 자가 될 것이라는 말씀이다.

예수님은 베드로와 제자들만이 아니라 유대 지도자들에게 퍼져 있는 영적인 문제, 보상 심리, 특권 의식, 우월 의식에 대답하시기 위해서 포도원 품꾼의 비유를 말씀하셨다(마태복음 20장 참조). 비유에서 포도원 주인은 얼마나 오래 일했는가와 상관없이 모든 일꾼에게 동일한 품삯을 지불했다. 어떻게 모든 사람이 똑같이 받을 수 있는가? 이것은 경제원칙에 의하면 질서를 뒤집는 아주 불공정한 처우이다. 그 당시 노동조합이 있었다면 모든 조합원이 파업하고 기업이 문을 닫아야 하는 상황에 처할 수도 있었을 것이다.

그러나 이 비유는 사회적 정의와는 전혀 상관없는 이야기이다. 하나님이 사람들을 천국으로 받아들이시는 원칙을 보여 주기 위해 만들어진 이야기일 뿐이다. 포도원 주인은 불의한 것이 아니라 늦게 온 자들에게 더욱 관대한 사랑을 베풀었을 뿐이다. 하루 종일 일한 일꾼은 당연히 불평할 수 있었다. 그런데 그 불평은 주인이 악하기 때문이 아니라 선하기 때문에 생겨난 것이었다.

비유에서 주인이 제일 먼저 온 일꾼과 나중에 온 일꾼에게 아무런 차별을 두지 않았던 것처럼 하나님께서는 먼저 된 자와 나중 된 자의 차별이 존재하지 않는다. 우리 마음속에는 '내가 먼저이고 다른 사람은 나중이 되어야 한다'라는 차별 의식이 있지만 하나님은 사람을 차별 대우 하지 않으신다. 하나님은 선하시기 때문이다.

베드로와 제자들은 자신들이 먼저 예수님을 만나 더 많이 희생했으므로 나중에 믿은 사람들과는 대우가 달라야 한다고 기대했다. 그러나 예수님은 그것은 세상의 논리일 뿐 하나님은 그렇게 대하시지 않는다고 말씀하셨다. 하나님은 선하시기 때문이다.

베드로와 제자들에게 성령이 임하시고 난 후 그들은 생각이 분명히 바뀌었을 것이다. 예수님 때문에 순교한 사도들은 "우리가 예수님 때문에 고난받고 순교했으니 천국에서 반드시 높은 자리를 얻어야 한다"라고 말하지 않았을 것이다. 정반대로 예수님 때문에 고난받고 순교함으로 주님을 더욱 가까이, 더욱 깊이 만나게 되어 감사하다고 고백했을 것이다.

바리새인들은 예수님께 불평할 이유가 많았다. 그들은 예수님이 당시 사회적으로 부도덕한 사람들을 용납하시고 그들의 친구가 되어 주신 것에 분노했다. 예수님이 죄인들과 함께 식사하시고 그들의 집에 머무신 것은 바리새인들의 항의와 도전을 일으켰다.

종교적인 경건에 대한 바리새인들의 열정과 열심은 오히려 하나님의 사랑의 법칙을 가로막는 법칙이 되고 말았다. 바리새인들은 거룩한 사람과 속된 사람을 구분했다. 먼저 된 사람과 나중 된 사람을 구분했다. '먼저 되었다'라는 헬라어 단어에는 숫자적으로 '첫 번째'라는 의미도 있지만 '고결한'(honourable)이라는 의미도 있다. 그들은 자신들이 먼저 된 자들이고 죄인들은 나중 된 자들이라고 판단했다. 바리새인들은 스스로 건강하다고 생각한 병든 지도자들이었다.

예수님 앞에서는 먼저 된 자가 나중 되고 나중 된 자가 먼저 되었다. 그 이유는 하나님의 선하심에 불평했기 때문이다. 비교에서 비롯된 공로 의식과 보상 의식으로는 결코 하나님의 선하심을 볼 수 없다. 우리 마음

속에는 여전히 바리새인의 의식이 숨어 있다. 베드로와 제자들이 예수님께 여쭈었던 보상을 기대하는 질문이 숨어 있다.

우리의 문제는 언제나 자신의 중요성은 과대평가하고, 하나님의 선하심은 과소평가하는 것이다. 하나님의 선하심을 정확하게 바라보고, 우리의 실체를 직시한다면 우리는 하루 종일 일한 일꾼들이 아니라 인생의 목적을 알지 못해 방황하다가 뒤늦게 들어온 일꾼들이다. 하나님 나라에서는 자기에게 주어지는 보상을 기대하고 집중하면 나중 된 사람이요, 더 많은 헌신을 할 수 있다는 것 자체를 기뻐하고 그것을 보상으로 생각하는 사람은 먼저 된 자가 된다.

한국 교회의 위기의 이면에는 먼저 된 자가 되었다고 자처하며 보상 의식과 공로 의식에 빠져 있는 리더십들이 있다. 모두가 뒤늦게 일하게 되어 자신이 일한 것과 비교할 수 없는 은혜를 얻었음에 감사할 때 위기에서 벗어날 수 있을 것이다. 주님의 포도원에서 일할 수 있도록 불러 주신 것만으로도 감사하고, 이를 보상으로 받아들일 때 한국 교회는 새로워질 것이다.

당신은 당신이 가장 적게 사랑하는 사람을
사랑하는 만큼 꼭 그만큼만
하나님을 사랑한다.

_ 크라우처

갱

신

새 포도주는
새 부대에

미국의 미래교회학자 레너드 스윗은 교회를 네 종류로 구분했다. 첫 번째는 선교형 교회(Missionary Church)이다. 선교적 소명에 충실한 교회로서 모든 성도가 그리스도를 증거하는 선교사적 삶을 산다. 두 번째는 사역형 교회(Ministry Church)이다. 많은 사역이 있는 교회이다. 연약한 자를 돕고 지역사회를 섬기는 사역 등을 중점으로 한다. 세 번째는 유지형 교회(Maintenance Church)이다. 이 교회의 경우 교회 자체를 유지하는 일이 가장 중요하다. 네 번째는 박물관 교회(Museum Church)이다. 역사책에만 등장하는 교회이다.

개척 당시 선교형 교회로 시작된 교회가 시간이 흐르면서 박물관 교회로 변화되어 가는 것은 매우 슬픈 일이다. 유럽과 북미 교회들의 역사다. 한국 교회가 이러한 슬픔을 겪지 않기 위해서는 "새 포도주는 새 부대에 넣느니라"(마가복음 2:22)라는 예수님의 말씀을 기억하고 적용해야 한다. 예수님 당시에는 포도주를 만들 때 염소 가죽으로 만든 가죽 부대에 포도 주스를 넣어 발효시켰다. 여기서 '새 포도주'란 엄밀히 말해 다 만들어진 포도주가 아니라 막 발효되기 시작한 포도즙을 의미하는 것이다.

포도즙이 발효되기 시작하면 이산화탄소 가스가 나온다. 가스가 팽창하면서 가죽 부대가 늘어난다. 새 가죽 부대는 신축성과 유연성이 있어서 팽창한다. 그런데 여러 번 쓴 낡은 가죽 부대에 포도즙을 넣게 되면 더 이상 늘어나지 못해 터지고 만다. 예수님은 새 포도주이시다. 예수님이 오심으로 이 땅에 임한 하나님 나라는 마치 새로운 포도주와 같아서 팽창한다. 운동력이 있다. 부글부글 끓어올라 더 이상 늘어나지 않는 가죽 부대를 터뜨릴 정도로 힘이 있다.

예수님은 이 땅에서 당시 사두개인들, 바리새인들, 서기관들의 낡은 가죽 부대를 터뜨리셨다. 안식일, 금식, 율법이라는 낡은 가죽 부대를 찢어 버리셨다. 예수님은 사회운동을 일으키셔서 그러한 제도를 뒤바꾸신 것이 아니다.

"새 포도주는 새 부대에 넣느니라"라는 말씀을 들으면서 우리는 '부대'에 초점을 두기 쉽다. 가죽 부대를 어떻게 변화시켜야 하는가에 집중한다. 그런데 더 중요한 것은 '새 포도주'라는 단어에 있다. 예수님 자신이 새 포도주이시다. 그분의 영이신 성령의 임재가 새 포도주이다. 성령 안에서의 예수 그리스도의 임재가 회복되면 우리에게 익숙한 옛 가죽 부대는 자연스럽게 떨어져 나간다.

우리에게는 새 포도주 되신 예수님의 임재를 회복하는 일이 더 중요하다. 오늘날 교회의 문제는 새 포도주를 잃어버린 것이다. 만일 새 포도주가 있다면 감당할 수 있는 탄력을 가진 새 가죽 부대를 준비해야 한다. 하나님 나라의 본질을 이루지 못하는 제도는 버리고 새로운 제도를 수용할 수 있어야 한다. 모든 교회의 제도와 직분은 그 목적에 맞게 갱신되어야 한다.

오늘날 교회 조직과 제도 자체가 예수님보다 더 중요해지고 있는 것은 비극이다. 세계 복음화의 가장 큰 장애물은 제도화된 교회라는 주장은 사실이다. 많은 사람이 "예수는 좋지만 교회는 싫다"라고 외치고 있다. 교회를 반대하는 이들은 교회의 제도와 하나님 나라를 구분하지 못하고 있다.

하나님 나라의 운동력이 살아 있다면 그 운동력에 의해 제도와 문화는 늘 새롭게 변화될 것이다. 많은 교회 역사가들은 교회가 하나님 나라로서의 운동력을 잃어버린 첫 번째 사건으로 콘스탄틴 황제에 의해 기독교가 제도화된 것을 꼽는다. 기독교가 로마제국에 의해 공인됨으로써 더 이상 순교하지 않아도 되었고, 더 이상 고난이 필요 없게 되었다. 역사가 흘러 가면서 교회는 제도화된 교회로서 점점 그 운동력을 잃어 갔고, 중세의 암흑시대로 들어가게 되었다.

오늘날 얼마나 많은 교회가 박물관이 되어 가고 있는가? 한국 교회는 복음의 운동력을 잃어버리지 않고 문화를 변혁하고 세상을 변화시키는 교회가 되기 위해 새 포도주 되신 예수님의 임재를 회복하며 새 부대를 준비해야 할 것이다.

옷을 염료에 담그듯
당신의 본성을
복음에 완전히 잠기게 하라.

_ 찰스 스펄전(Charles Spurgeon)

섭리

버리는 것이
없게 하라

이사를 해 보면 버릴 것들이 많이 나온다. 한때는 필요하다고 생각했는데 시간이 지나면 버릴 수밖에 없는 것으로 바뀌기도 한다. 우리나라 음식 문화에서 고쳐야 할 것은 버려지는 반찬이 많다는 것이다.

사람들에게는 늘 버려지는 것들이 많다. 그러나 하나님이 만드신 자연에는 버려지는 것이 없다. 낙엽도 내버려 두면 썩어서 땅의 거름이 된다. 하늘에서 내리는 눈도 따뜻해지면 녹아 버려 깨끗한 생수로 변화한다. 사람들이 만든 것은 썩지 않아 오염 물질이 되지만, 하나님이 만드신 모든 것은 썩어져 새로운 재생의 효과를 만들어 낸다. 하나님은 버릴 것이 없도록 일하시는 분이다.

예수님은 오병이어의 기적을 통해 많은 사람을 배부르게 먹이신 후에 이렇게 말씀하셨다.

"남은 조각을 거두고 버리는 것이 없게 하라"(요한복음 6:12).

이 말씀은 조금 전 엄청난 기적을 일으키신 예수님께는 잘 어울리지 않는 것 같다. 지극히 높고 위대하신 하나님, 무한하시며 모든 것이 가능하신 하나님이 인간들이 해야 하는 일을 하시다니. 그러나 예수님의 위대함은 오병이어의 기적보다도 "버리는 것이 없게 하라"라는 말씀에서 더욱 밝게 드러난다. 예수님의 이 말씀은 세 가지 중요한 의미를 가르쳐 준다.

첫째, 배부름으로 인해 영적 긴장감이 버려지지 않도록 하라는 말씀이다. 사람들이 원대로 배불리 먹을 수 있게 된 것은 하나님이 주신 은혜이다. 그런데 배불리 먹은 그들은 영적 긴장감이 없어져 남은 조각들을 하찮게 여기게 되었다. 배부름으로 인해 영적 긴장감이 버려진 것이다.

성경은 배부름의 영적 위험에 대해 여러 번 경고하고 있다(신명기 6:11-13; 호세아 13:5-6). 특히 호세아서는 이스라엘 백성이 심판을 받게 된 원인이 배부름으로 마음이 교만해져서 하나님을 잊었기 때문이라고 지적하고 있다. 배부름은 하나님의 은혜와 축복이다. 그런데 하나님의 은혜로 배부르게 된 사람들이 교만해져서 하나님을 잊어버리게 될 수 있다고 경고한 것이다.

예수님의 기적을 통해 배부르게 된 사람들은 예수님을 왕으로 삼으려고 했다. 자신들의 배고픔을 한순간에 해결해 주신 예수님이 왕이 되신다면 평생 굶지 않고 배불리 먹을 수 있겠다는 생각 때문이었다. 사람들은 예수님을 간절히 찾았지만 실상 그들이 찾았던 것은 자신들의 배부름이었다. 때로 우리의 간절한 열망이 신앙의 열망이 아니라 불신앙의 열망일 수 있다. 하나님은 우리의 필요를 돌보시고 채워 주신다. 그러나 배부름을 추구하기 위해 하나님을 찾는 것은 신앙이 아니라 우상 숭배이다.

둘째, 기적 속에서 현실감각이 버려지지 않게 하라는 말씀이다. 예수님이 기적으로 만드신 떡(빵)은 잠시 사람들에게 배부름만 주고 사라지는 환상 속의 떡이 아니라 주워 담아 보관할 수 있는 현실 속의 떡이었다. 그리고 오래 두면 썩는 떡이었다. 기적의 떡은 자연법칙을 따르는 떡이었다.

우리는 기적이란 자연법칙을 깨뜨리는 것이라고 오해하기 쉽다. 그러나 기적은 자연법칙을 깨뜨리지 않는다. 또 깨뜨릴 필요도 없다. 예수님이 남은 조각을 거두라고 하신 것은 기적이 자연의 영역에 들어오는 순간 자연법칙에 순종하게 된다는 것을 보여 주신 것이다. 기적은 자연법칙을 혼란하게 하지 않는다. 기적이 일어나는 것은 초자연적이지만 기적 이후에는 자연 속으로 흡수된다.

C. S. 루이스는 《기적》(Miracles)에서 기적의 결과가 자연법칙을 따라 나타나는 것은 하나님이 기적을 통해 자연법칙을 무너뜨리지 않으신다는 것을 보여 주는 증거라고 말했다. 하나님은 한 처녀의 몸에 기적으로 생명이 잉태되게 하셨지만 예수님은 임신이라는 자연적 과정을 통해 정상적인 자연법칙에 따라 출생하셨다. 기적으로 만들어진 떡도 먹으면 몸속에서 자연적인 소화의 과정을 거치게 되며, 땅에다 버려 두면 곧 썩어 없어진다.

기적의 원인은 하나님의 능력이지만 진정한 기적은 기적이 발생한 이후부터 다른 모든 사건처럼 자연법칙에 따라 변화하게 되어 있다. 기적과 자연은 서로 충돌되지 않는다.

예수님은 제자들에게 "버리는 것이 없게 하라"라고 말씀하심으로써 기적이 가져다주는 위험에서 벗어나도록 하신 것이다. 다시 자연과 현실로 돌아오도록 하신 것이다. 예수님은 기적으로 얻은 선물이 하나도 낭비되지 않게 하셨다. 만약 기적을 통해 얻어진 것이 마구 내버려진다면 그것은 사람을 타락하게 만드는 기적이기 때문에 진정한 기적이 될 수 없다.

셋째, 남은 조각의 가능성이 버려지지 않도록 하라는 말씀이다. 배부른 사람들이 남은 조각을 버리기 시작했을 때 그것을 다 모아 보니 열두 광주리나 되었다. 배고플 때에는 단 한 광주리만 있어도 감사했을 터인데 배부르고 나니 열두 광주리나 되는 분량이 버려져도 되는 것으로 여겨지게 되었다.

참된 신앙은 배부름 때문에 하나님을 찾는 것이 아니라 남은 조각의 가능성을 잊어버리지 않는 것이다. 사람들이 남은 조각을 버렸을 때 사실 그들은 엄청난 가능성들을 버리고 있었던 것이다.

섭리

우리가 먹는 음식의 남은 조각만 모아서 굶주리고 있는 제3세계로 보낸다면 엄청난 사람들을 살리는 가능성이 될 수 있다. 우리의 생활 속에 배부르기 때문에 버리는 것이 있다면 그것은 하나님이 주신 남은 조각의 가능성을 버리는 것이다. 내가 버릴 수 있는 것이 다른 사람들에게는 엄청난 기적의 가능성이라는 것을 잊지 말아야 한다. 하나님은 남아 있는 우리 인생에 엄청난 가능성을 주셨다. 오병이어로 수천 명을 먹이신 하나님이시라면 열두 광주리로는 얼마나 큰 기적과 축복을 만들어 주실 수 있겠는가?

참된 신앙은 하나님이 주신 축복 속에 버려지는 것이 없게 하는 것이다.

부는 분뇨와 같아서
축적되면 악취를 내고,
뿌려지면 땅을 비옥하게 한다.

_ 레프 톨스토이(Lev Nikolayevich Tolstoy)

생 각 을
생각한다